集英社文庫

スペイン七千夜一夜

堀越千秋

集英社版

スペイン七千夜一夜

挿画　堀越千秋

もくじ

スペインは赤い

私の父は絵描きであった。父の父も絵描きであった。母の父もやはり手に筆を持つ職人で、むかしの江戸ッ子らしく小唄《こうた》を唸ったりする人であった。となると、幼い私が絵を描くつもりになっても不思議ではない。いやむしろ当たり前すぎて、絵描きなんかイヤだったくらいだ。が、結局、やがて絵の勉強が私にとって自然となっていったのである。

あのころ、芸術の本場といえばパリ、と相場が決まっていた。で、私もフランス語を勉強してみたりした。そして、東京芸大油画科の大学院の学生であったころ、パリへ貧乏旅行に出かけた。一九七三年の夏である。

パリにはすでに親しい芸大の友人が絵の勉強で行っていた。彼の下宿にしばらく居候《いそうろう》をさせてもらうことにした。友人は、朝早く起きて、規則正しく絵を描く生活をしていた。だから、私も彼に合わせて朝早く起き、いっしょに朝食をとり、それから彼はやおら静物画のキャンバスに向かい、私は美術館や町を見物に出かけるのである。昼食はたいてい、カルチエ・ラタンでアラブ人の作る唐辛子入りサンドイッチを買って、セーヌ河畔に座って食べた。あちこち歩き回り、夕方になって友人のアパートへたどり着くと、彼も仕事を終えて筆を洗っているのであった。

それから、彼と貧しい夕食をとり、少量のコニャックを飲みながら、パリのこと、美術館のこと、絵のこと、等々を語り合いながら寝るのである。私は寝袋で床に寝た。

目を皿のようにして歩き回り、見て回ったパリであったが、どうも、ここは常にネクタイを必要とする町らしい、という居心地の悪さに気がついてきた。これが憧れのパリなのか。私が学んできた乏しいフランス語の知識と発音では先方に通じず、こちらも先方が何を言っているのか、ちんぷんかんぷんであった。言葉が通じないということで、何らのユーモアの余地もなく、ぴしゃりとフランスの社会の扉が閉められてしまう、ということにも気づいた。日本で日本語のわからない外国人に対して日本人のする微笑というような〝甘さ〟がまったくない、北方的な〝厳しさ〟が恐ろしく見えてきたのであった。

この冷たさがヨーロッパというものなのか。私は、日本というぬるま湯的な極東の田舎を祖国とすることが、まったく間抜けな、未熟なことであるかのように感じられて、悲しかった。イタリアへ行ってみようと思い立ったのは、そんなパリ生活を一カ月半ほどしたころであった。

斜塔のあるピサの駅に降り立つと、突然夕立ちが来た。パリではまだ冬だったのに、季節はイタリアではすでに初夏となっていたのである。駅前の植え込みには雑草が茂り、その中から捨て猫の声がした。歩道のへりをトカゲが走った。そして、雨上がりの空には、そんなものがあるとはすっかり忘れていた、虹がかかったのである。パリで知らぬ間に圧迫されて窒息しかかっていた私の中の〝生命〟が、バキバキと音を立てて背伸びをするのを感じた。ああ、救われた！　と思った。私の魂は、ほんのこの数分間で、めきめきと生気を取りもどし、ほほえんだのである。

その夜、私はパリの友人に葉書を書いた。「サナトリウムの孤児よ」という書き出しだった。イタリア各地を約一カ月ほど放浪して回り、またパリへもどった。しかし、私は、もうパリだけがヨーロッパだとは思わなくなっていた。気がずいぶんと楽になっていたのである。

そして、今度は、いよいよスペインへ向かうことにした。

今にして思えば、この旅行ではスペインに何か大きなものを、無意識のうちに期待していたようなのである。スペインは、ベラスケス、ゴヤ、エル・グレコ、そしてミロやダリやピカソという、刺激的な天才たちの故郷だ、という思いがあったのであろう。

一九七三年七月七日、七夕の日に、私は初めてスペインの土を踏んだ。

パリから列車でスペインに向かったのだった。夕方だった。

日が暮れるまでは、車窓の外はフランスの緑の沃野《よくや》であった。

夜中の三時にたたき起こされて、汽車を乗り換えさせられたのは、国境の町エンダイヤであった。荷物を持ってほかの客たちとともにぞろぞろとスペイン領のイルンへ歩き、線路の幅の広いスペイン国鉄に乗り換えた。客席に、トイレの臭いがはみ出していた。

そのまま闇の中を走り、やがてまた目を覚まして車窓を見ると、外は赤茶けた荒野であった。目覚めた直後の不快さとともに、地の果てのすさまじいところへやって来たなあ、と寂《せき》寞《ばく》とした気持になった。

それから二十年以上を経たが、このとき感じた荒涼たる気分は、常に通奏低音として、今

もこころのどこかに残って鳴っているようである。

赤茶けた荒廃。しかしスペインの「赤」の印象はそのせいばかりではなかった。レストランで、食事をしていても、壁の色はふつうに白っぽかったり、ベージュ色だったりなのだが、なぜか、私はそれらを「赤い！」と感じていた。ちゃんと見ればそれらはちっとも赤くなんかない。なのに、ちょっと目を離して、卓上の食べものに注意を向けたりなんかしていると、それらは、とたんに目の端のほうで「赤」を主張しているのである。ああ、スペインは赤い国だ、と私はつぶやいたりなどした。しかしそれは地面の赤茶色でない。闘牛の布（ムレータ）の真紅だった。

そのころ、独裁者フランコ将軍は老いてなお健在だった。つまりスペインは強力な警察国家であった。したがって、治安はよく、人々は礼儀正しく、物価は安かった。人々は、享楽的で、楽天的で、頑固で、朴訥《ぼくとつ》で、正直だった。いや、たまに小銭をごまかす人々はいたが、それを指摘すると、恥ずかしそうに、だまって、ごまかしたお金を返してくれた。ただし、町には秘密警察の刑事がたくさんおり、角々には武装警官が立ち、男が数人で歩いたりすると質問され、いかなる会話にも「フランコ」は禁句だった。日本語の会話の中でも危ないと言われた。体制賛美以外の政治談義は、巧みに避けられた。

夜の十一時になると、各アパートの、道に面した大扉は閉められ、その鍵は、ブロックごとにたたずむセレーノと呼ばれる年老いた夜警が全部持っていた。夜中に帰宅する人は、自宅のアパートの大扉の前で手をパンパンッとたたく。すると、近辺をのろのろとパトロール

していたセレーノがそれを聞き、長い木の警棒の端で石畳《いしだたみ》をカンカンとたたいて返事をし、鍵束をがちゃつかせてのっそりと現れ、大扉を開けてくれる。こちらはチップをわたす。セレーノのじいさんたちが、人々の政治活動をも監視しているのであった。

あのころの、檻《おり》の中の平穏とも言うべき、妙な安堵感（ある人々にとっては無力感）のただよう社会的雰囲気は、もはや再現しようもあるまい。

マドリードの下町の安宿に私はとりあえず荷を解いた。

そこには、長髪のスペイン人の若者が何人か泊まっていた。なぜかみなサロンの石の床に直接座っておしゃべりをしていた。そのうちの一人は、バルセロナから来た若者だった。私はスペイン語をまったく知らなかったが、彼は一生懸命に身ぶり手ぶりで説明してくれた。

「夜。十一時。過ぎに。帰ってくるときは。手を。手を。こうしてたたくんだ」

その夜（スペイン初めての夜）十一時過ぎて宿にもどった私は、押せども引けども開かぬ大扉を前に、途方にくれた。昼間教わった「手をたたく」ことの本当の意味がわかっていなかったのだ。でも、いったい誰が、手をたたくと扉が開くなんて、思うだろう？　アラビアン・ナイトじゃあるまいし。で、しかたなく、とぼとぼと坂を下り、プラド大通りの植え込みの中にある石のベンチに寝ころがって夜を明かした。七月だったのが幸いだった。通りの向こうで、長い銃を持った警官がパトロールしているのを、まるで難民にでもなったかのように、身を隠したまま恐ろしく眺めた。

やがて、もう少し落ち着ける下宿をさがすべく、私はその安宿を出た。大きなリュックを背負って、これはと思うような下宿屋（「ペンション」とか「オスタル」とか表示されている）をあたって歩くのだが、なぜかどこも満室で、何度も階段を上下したり、坂道を上下したりするうちに、疲れて腹が立ってきた。で、リュックを道の脇に放り出して、盗むなら勝手に盗みやがれ、と手ぶらになって宿さがしをした。三十分ほどして、やっと宿を見つけて荷物のところにもどってみると、それはちゃんと同じところにあった。

今度の宿は、夫婦と子ども二人、それにおかみさんの母である老婆一人とでやっていた。私は十歳ぐらいの長男と同室であった。

ほかの部屋にポーランドだかルーマニアだかから来ていた若い留学生がいて、ある日いっしょに外出した。彼は、工業学校の門のところまで来ると、ちょっと友人にあいさつしてくるから待っていてくれ、と英語で言いおいて中に入っていった。そのまま、彼は一時間以上ももどってこなかったが、ちょうどそこにベンチがあったので、私はそれに座って義理堅く、ずっと待っていた。ほかにすることもなかったのだ。天気のよい日だった。

やがて彼はもどってきて、あきれたように言った。

「あれッ、まだいたのか」

私は、ああ、人類とはこういうものだったか、と、ひどく傷ついた。待っていた自分がお人好しだった、馬鹿だった、ということもさることながら、いったい、何分間待ちぼうけをくわされたらお人好しとなるのか？　何分以上待っていたら、相手がもどってきたとき、

「まだいたのか」と馬鹿にされるのか？　人を信じて待っていて、ある時間が経過したら、腹を立て、先方を呪い、「待っていてくれ」という言葉を裏切って立ち去らねば、あとで逆に馬鹿にされるとは、地上とは何といやなところではないか。

　ある晩、ぐっすり寝ていると、突然電灯がついた。まぶしさに目を開けると、下宿のかみさんが愛想よくほほえんでいた。しかし寝ている最中に愛想よく起こされてよろこぶ者があるものか。時計を見ると三時だった。彼女の後ろには一人の女性が立っている。かみさんはどうやら、夜中突然にこの女性が来てほかに宿がなくてこまっているので何とか泊めてあげたい、と説明しているらしかった。例のポーランドだかルーマニアだかの留学生の部屋に空いているベッドに私が移らなければ、彼女は寝られない、ということらしい。十歳の長男のほうを移せばいいではないか、とも思ったが、それではその女性と私が同室となってしまい、気の毒である。渋々、私は移った。

　翌朝、寝不足の頭でいろいろ考えたが、寝ている最中に宿屋のつごうでたたき起こされて、寝床を換えさせられるというのは理不尽《りふじん》である、と思いついた。夜中に道をさまよう女性も気の毒ではあるが、下宿のかみさんは、ちゃんと宿代をもらうのである。一方、私はちゃんと宿代を払っている。客としての私の立場から言えば、こういう扱いは不当である。ほほえみながらたたき起こせば言うことを聞くだろう、と思われているような気がして、腹が立ってきた。で、よくわからぬスペイン語の単語をいくつか並べてかみさんに抗議した。するとかみさんは鳥のようにわめいた。私はまたしても、ああ、人類とは何といやな生き物だろうと絶望しながらも、「きのうの宿代は払わない」と主張して、即刻そこを出た。スペイン生活というものが、日々こうした闘いの明け暮れなのだと、私はまだ知りようもなかった。

ポーランドだかルーマニアだかの留学生は、私に同情して、私の荷物を半分持って、彼の知っている別の宿まで連れていってくれた。彼は、道々、今おれたちのいる宿はよくない、といろいろ悪口を言い始めた。だったら彼自身はなぜいるんだろう、と私は思ったが、寝不足で英語をしゃべるのも大儀だったのでだまっていた。

彼の紹介してくれた宿は、部屋が狭い上に窓がなかったが、主人が良い人でくつろげた。そして、たまたまそこに下宿していた日本人の留学生と知り合いになり、彼と私はやがてそこを出て、二人共同でアパートを借りることになる。

そのアパートは郊外で、バルコンからマドリードを一望することができた。ただ目に映っているだけのものに違いないのに、風景とはこんなにもこころを安らかにするのか、と気づいて愕然《がくぜん》となった。

あの鳥のような下宿のかみさんも、宿さがしの苦労も、今ははるか目の下に、遠い煙のように見える。各人の必死の営みも、この大きな風景の中では、虫が這うほどの意味もない。

私はその絶景のバルコンで一人、何時間も町を眺めたものだ。

そのアパートには、しかし、先住のイギリス人の学生が二、三人おり、やがて彼らが帰国するまでの二、三カ月間、彼らの生まれつきとも思える、巧みな好意をよそおった人種差別の技術に、また苦しめられることになるのだが、それは本題に関わりがない。思い出せば、

せっかくのこの過去への旅の妨げとなりそうだ。今は楽しみの話を書こう。

さて、この眺めのよい丘の上のアパートのバルコンのように、長旅の疲れを慰めてくれたものに、フラメンコがあった。もともと私はその唄(カンテ)がなぜか好きで、日本でも数枚のレコードを持っていて、ほとんど毎朝のように聞いていた。しかしスペインで私は貧しい学生の旅人であったので、おもに観光客向けにフラメンコ・ショーを毎晩やっている高価なタブラオには行けず、地元のフラメンコ愛好者向けにたまに劇場で催されるフラメンコの公演(ふつう四、五人の歌い手が順番に出て歌い、その合間に踊りが一ツある)をよく見に行った。また、専属のギタリストがいて客が自由に歌えるバル(居酒屋)をのぞきに行ったりした。ここに集うのは地元の本当のフラメンコ通たちであった。はからずも、これはフラメンコの、より生(ナマ)な、本質的な愉しみに出会ったことになったのだと、のちに知るのである。

当時、夜中にバル以外で男が何人も集うことは、政治集会と見なされて禁止されていたのだが、ある晩、歌えるバルの「エル・パティオ・アンダルス」で一杯飲みながら、男たちの歌ったり叫んだりするのを眺めていると、その中の数人が立ち上がって、どういう風の吹き回しか、「あんたも来いや」と私を誘ってくれた。彼らはこれから別の場所へ行って、ほかのギタリストに弾いてもらって、自分たちだけのカンテの宴《うたげ》(フエルガ)をしようというのだった。一台のボロ車に七、八人がぎゅうづめになって、アルカラ大通りをまっしぐら、中央郵便局のあるシベレス広場を、信号を無視して(真夜中だからいいんだって!)急走した。

私は、ああこれがスペインだ、スペインというものだ、と目の前が赤く染まるような感慨を覚えた。車は闘牛場にほど近いところで急旋回したと思ったら、ドスン！ といって並木にぶち当たって止まった。男たちはゲラゲラ笑って、「さあ着いた着いた！」と言って車を降り、目の前のバルに素早く入ると、待ちかまえていたボーイがその後ろですぐシャッターを下ろした。その地下室で、明け方まで、男たちはかわるがわるカンテを歌い合ったのである。そのカンテは、はしゃいだお祭りさわぎの曲ではなく、緩急《かんきゅう》さまざまではあったが、心のたけを吐露《とろ》する唄ばかりであった。

ああ、これだったのか、と私は感動した。この禁じられた宴で、初めて深いカンテに出会ったのであった。

ところで、フラメンコというと、スペインではもっぱらカンテ（唄）のことを指す。いわゆるフラメンコの踊り《バイレ》は二次的、三次的に別の発展をとげてきたものである。東西文化のるつぼであったスペインの歴史を断層のように示して、カンテにはさまざまな民族音楽の影響が見られるが、それは大まかに言って「ヒターノ（ジプシー）的に歌われたアンダルシア民謡」と言うことができる。

カンテの基《もと》は、語りである。

私は、だんだんカンテを聞いて、魅力とともに言い知れぬ畏怖《いふ》を覚えるようになった。あるときは語るように、あるときは叫ぶように歌うカンテを聞いていると、その歌い手の持つ人間的、動物的エネルギーが伝わってくる。それは人によって、多い少ないがある。それによって当然感動が異なる。同じ人でも日によって違う。また単に巧みに歌うだけの人もいるし、ふだんは音痴のような下手糞《へたくそ》な人なのに、ある夜、宴にいる人々の胸をかきむしるように歌う人もいる。そんな稀有《けう》なシーンに出くわす日もある。そんなとき私は、歴史つまり文字が伝えてきた二千年よりもはるかに以前の、人間のエネルギー、呪力、霊性といったものを直接この目、この耳に得た思いがするのだ。ものすごく尊いものを、直接、同じ空気の中で共有しえた思いがするのだ。

それは、日本にはないものだろうか？

いや、必ずある。しかし、なぜスペインにはかくも濃厚に残っているのだろう。

それはおそらく、今日なお、カンテの重要な担い手であるヒターノたちの多くが文字が読めない、ないし限りなくそれに近い、という社会的「不幸」によっている（ふつうのスペイン人にしてからが、特に老人たちの識字率は低い）。カンテに面影を残す「語り」の文化は、「直接」の伝承文化であり、それを担うのは「不幸な」文字が読めない人々なのである。彼らは、有史以前の文化と同じ基盤を共有している。ただし、それが今日、不幸な少数、として文化的、社会的に軽んじられるに従い、その価値を失ってしまっているのだ。

そして私は、一つのことに気づいた。

今日我々の文明とは、文字を幹《みき》として繁茂してきたおよそ二千年の大樹である。一方、文字というものを介さぬ、人の声から声によってのみ直接に伝わってきた、文字による「説明」よりはむしろ「霊性」による表現方法があった。それは、人間の一人一人の持つエネルギー、つまり威力、または魅力によってのみ伝わるものであった。たとえば、親から子に伝わる知恵は、その正しさや合理性によって伝わるのではない。親という存在の持つ動物的、野性的なエネルギーつまり威力によって、子はそれを信じる、信じざるを得ないのである。今日伝わる昔話や聖典には荒唐無稽《こうとうむけい》なものが多いが、これこそ親や先祖の威力が強大であったという何よりの証拠であろう。合理的な検証というようなものは、文字によって直接の動物的エネルギーから遠く離れた人間であってこそ、よくなし得るものなのである。

思い出せば、ガキ大将というのは、その家来や年下の子らから見ると、えも言われぬ魅力と威力の持ち主だった。遠方から眺めるＰＴＡにしてみれば、おそらく彼は単に腕力の強い、学業よりは悪い遊びにたけた不良に見えたにすぎまいが。彼の抗しがたい魅力は、直接触れた者のみが理解しえたのであり、それは文字（学業成績も含めて）には表しえないものであった。

やがてガキ大将も、中学へ入学すると同時にその神通力を失うのであるが、それは文字の社会（学業）に否応なく取り込まれてしまい、当人もそこでの表現力に自信を失ってしまうからである。それはつまり、二千年このかた、文字の普遍的な力によって、個人の直接的エネルギーの表現が力を失ってきた人類の歴史でもあるのだ。

思えよ。

キリストは聖書を書いたか？

仏陀《ぶつだ》は経典を書いたか？

ソクラテスは？

文字で書き残したのは、みな後に続く弟子たちである。宗教的天才たちの強力な魅力と威力は、「直接」弟子たちに伝わったのであり、私たち末世の人類は、単に荒唐無稽と見えるその物語をただ文字で読むばかりである。そして見よ、二千年後の今日、ついにキリスト教徒自らが言う。キリストが歩いて海をわたったのは、干潮時の浅瀬だったに違いないなどと！　マリアは聖霊によって受胎したのでなく、私生児を生んだのであろう、などと！

文字が、その砂のような普遍力「説明」で、二千年に一度の強烈な奇跡的エネルギーをも風化させてゆく瞬間である。

かくて、文字が世界の表面の主流を占めて、大樹のように繁茂したとき、直接に人間が人間に伝える不可視の力「霊性」はないがしろにされてしまった。人々は、直接の人間の声を軽んじて、聞かないようになった。「隣人はみなくだらない奴ら」となってしまった。これによって失われたのは、人間の魅力や威力、直観力、感性、野性、動物的カン、などのみではない。人間は「存在の実感」を失ったのである。森の鳥や獣や、大海の魚が持っている、悠々とした自信のようなものを、人間は、文字への崇拝によって、失ったのである……。

そんなことを、私はフラメンコの唄――カンテ――を聞いてゆくにつれて思うようになってきたのである。

もし「史前の霊性」を感知することに心身が解放されているならば、深いカンテを聞いたとき、きっと、胸は打ちふるえ、突然の鼻血のように涙が出てくるであろう。私自身がそうだったから私は言うのだ。これに出会ったことが、おそらく私をこうして二十年余りもスペインに居続けさせた、それこそスペインの呪力であったに違いない。そして、私の描く絵に、そこから受けた呪力や霊力やエネルギーが、あたかも高野豆腐《こうやどうふ》の煮汁のように、押せばしたたるように、潤沢《じゅんたく》に含まれているようでありたい。

イタリアの各地には、かつての人間たちのエネルギーが遺跡として残っている。数多くの芸術作品も、広い意味での遺跡である。遺跡は、そこに想像力を働かせ、心を静かにひそめるとき、多大なインスピレーションを与えてくれる。しかし、遺跡の石壁を利用した小屋に住むことはできても、遺跡とともに生きることはできない。

ところが、スペインにいる人々、特に、貧しさ故に教育制度の恩恵が希薄な南部アンダルシアの人々、そしてヒターノたちこそは、まさに「生きた遺跡」であり、人間の霊性のエネルギーを現代までも強烈に放射し続ける人々だったのである。

こんなに人をくつろがせるものはない。こんなに人を自由にするものはない。人間が、自分の力を、自分の手の届く範囲内に充満させること。文字という、「自分以外の普遍」に自分をむしばませることなく、自分のできることのみに最善を尽くすこと。それも、追いたてられて常に、ではなく、必要に応じ、時や気分に応じて。つまりは、森の鳥や獣や、大海の魚の持っている、悠々とした確信のようなものとともに。

たとえば、フラメンコの故郷アンダルシア生まれのピカソは、このような気持のもとに仕事をしていた。それは絵を見ればわかる。若いころ、キュビスムの絵を、ピカソとまるで双

闘牛士
古切手商
失業中
闘牛評論家

中学の教師
役人

子のようにして描いていたフランス人のブラックには、それがなかった。ピカソには、文字の読めないアンダルシア人の魂があったのだ。

私は、初めてスペインに来たとき、ここはピカソの国だ、ピカソと同じ人々がいるのだ、と思って、町で見かける人々を、みな尊敬した。バルで手ぶりもオーバーに、口角泡を飛ばして議論する男たちを見ても（後年わかったことだが、彼らは、太陽のほうが月よりも遠いとか近いとか、十年前のメトロの運賃は三ペセタだった、いや五ペセタだった、とかを延々と論じているのである）、マサカリのような大きな包丁で肉を骨ごとたたき切る肉屋の左手指のどれかがたいてい失われていることを発見しても、郵便局員が足し算しかできず、切手をナナメに貼っても、バルのボーイが小銭をボッても、銀行員が客を窓口に残してコーヒーを飲みに出ていってしまっても、八百屋が腐りかけのリンゴばかり選《よ》って袋に入れてよこしても、何度も日本人だと言ってるのに「君たち中国人は」と言われても、日本はトルコのこっちか向こうかと問われても、太陽も月も地球の周りを巡ってるんだ当たり前だろ、と言われても、それでも、そんなことは、文字で得た知識をちょっと少なく持っているからにすぎず、その分、つまりキャベツの少ない分だけニラの多く入った餃子《ぎょうざ》のように、文字文化以外のエネルギー、エレキ、霊力、人間力が露わに放電するのである。そしてそれがピカソの絵の持つ呪力と同質なのを、私は見出したのである。

私はそれを自分の体の中、心の中に、知識としてではなく、自分の体得したものとして、持ちたいと願った。当然それは誰の体の中にもある力だ。それを知覚し、それを自在に引き出しさえすればよいのだ。何も、それはスペイン人だけの専売特許ではないのだから。

大学院の学生であった私は、八カ月に及んだヨーロッパ放浪から日本へ帰った。

しかし、必ずまたスペインに来て、絵を描いていきたいと念じていた。日本へ帰ると、この旅行以前のように、芸大受験のための美術研究所の講師をしなければ生活ができなかった。研究所に来る生徒は浪人生たちで、彼らは毎日研鑽《けんさん》を積む。一方講師たちは一日おきに教えに来る。つまり講師自身の仕事の量は生徒たちの半分なのである。講師といっても若い画学生であるから、こんなことではとうてい画業の進展はありえない、と思って、私は何が何でも物価の安いスペインで、イワシをきのうの固いパンにはさんで食ってでもやっていこうと決心した。で、スペイン語をがむしゃらに勉強し始めた。スペイン政府の給費留学生試験に何とか通ろうと思ったのだ。こんなに真剣に勉強したことはかつてないほどの二年間だった。

講師としての私の業績——つまり生徒を芸大に何人入れたか——は、かんばしくなく、四年ほど働いたのにたった一人だった。ある年の入学試験の前々日、生徒たちに、「明日はプールへでも行って、緊張をほぐしてからあさって受験したまえ」と言ったら一人だけ実行した。結局その男だけが合格したのだった。そういう具合であったから、私はそこをクビになり路頭に迷った。その翌月、私の留学生試験があった。食いッぱぐれの背水《はいすい》の陣《じん》なのに風邪をひいて高熱を発した。六本木のスペイン大使館に、途中途中の駅のベンチに横たわって休みながらたどり着き、やっとの思いでスペイン語での口頭試験を受けた。私の顔は高熱と緊張とで真ッ赤になっていたであろう。そして、天の助けか、私は合格したのである。離れ技だった。

こんなにうれしかった瞬間はないはずなのだが、そのときの記憶はない。ただ、別れ別れになってしまう恋人と二人で、ぼんやり見つめた散歩の途中の小学校のがらんとした校庭が、目の奥に浮かぶ。

とまれ、私はスペインへやって来た。とりあえず一年間だけだが、潤沢な留学資金をスペイン政府からもらえる。当時で月額二万五千ペセタであった。今だと二十五万円という感じであろうか。学生保険もある。病気もしほうだいなのだ。毛布をあつらえるのに、店で一番高いのを買ったのを覚えている。七千五百ペセタであった。「一番いいやつ！」と私は店で言い、店のおばさんは笑ってそれを上の棚から出し、私も笑って金を払った。

スペイン語の母音は日本語と同じで五ツしかないからフランス語のように発音が奇《き》ッ怪《かい》ではない。ほとんどカタカナで表せるほどだ。先方の言うこともよく聞き取れる。日本で一生懸命に学んだものが、そのまま通じた。

学生のときに訪れたスペインからすでに三年がたっていた。独裁者フランコはすでに死去しており、町には「リベルタ（自由）」のひとことが飛びかっていた。

自由！　自由！　怒ることなく自由を！

という歌謡曲が、いつもラジオから流れていた。つまり、フランコが死んだからといって仕返しをしようなどと思うな、すでに我々は自由なんだ、というスローガンなのであった。

言葉を勉強して来たおかげで、以前の旅行のときとは、見えるものがまるで違っていた。「リベルタ」一つとっても、以前なら何のことかわからなかった。

私は一生懸命に絵を描いた。「リベルタ」は私自身のことであった。研究所で「先生」と呼ばれていたころから、顔も変わったのではないかと思うくらい「自由」を感じた。リラックスしているのに張りがあった。アトリエにいるときは、一切の雑事を頭から切り捨てるように心がけた。この習慣は、現在の私の生活のもとになっている。

そのころ、私は下町のラストロ（蚤《のみ》の市）の界隈《かいわい》に住んでいた。ラストロは日曜日ごとに開かれる路上市で、何本もの道といくつかの広場にわたって、毎週数千人から数万人を集める。

ある日曜日の昼ごろ、例によってざわざわと人ごみのにぎわいが、私のアパートの二階の窓から聞こえていた。と、突然そのざわめきがぴたりと止まり、次の瞬間、どどど――ッと津波《つなみ》のような音響とともにものの壊れる音や悲鳴が聞こえた。急いで窓から首を出すと、道路を埋めた大群衆が、パニックに駆られて狂牛の群のように走っているのであった。人々は連れて歩いていたわが子の手を突き放し、倒れ伏した老父母を踏み越え、道に並べられたテーブルや台を蹴散《けち》らして走っていた。彼らの目は大きく見開かれているものの、何かを映しているとは思えなかった。その証拠に人々は、行く手をふさぐ大群衆に絶望して、家の壁を通り抜けよう（！）と、壁に頭を何度もぶつける者あり、閉じたシャッターにガリガリと爪を立てる者あり、瞬間的に常軌を逸した行動をとったのである。

パニックというものを私は目撃した。そしてそれは、驚くことに三分もするとたちまち静まり、何くわぬ顔をした人々は、またもとどおりにぞろぞろ歩くのである！　まるで、嘔吐した酔漢《すいかん》が何くわぬ顔をして、だまって口を袖でぬぐいながら立ち去るように。さらにそれは、その後ほとんど毎週のように起こったのであった。人々は少しもこりずに、日曜日になるとラストロにやって来て、突然、何かにおびえて走りだす。理性のないパニックの動物となるのだ。のちにある人は警官が発砲したのだと言い、またある人は戸板が風で倒れた音にみなが驚いたのさ、と言う。だが、それが本当は何だったのかは誰も知らない。ただ向こうから大勢の人間が地響きたてて走ってくることで、突然恐怖が目覚め、自分たちも走りだすのだ。

そのさまは、ゴヤの描いた有名な「巨人、またはパニック」と題する、プラド美術館にある絵にそっくりだった。霧のかなたに、かすむ山のような巨人の歩くのが見え、手前にパニックに襲われて走り狂う群衆がいる、あの絵。ゴヤ、よくも描いたり。スペイン人のパニック体質を、ゴヤは見抜いていたのである。

そんなパニック事件のあと、しばらくたってから、有名なクーデター未遂事件が起こった。あの事件は人々をまた再びの内戦の恐怖におとしいれた。結局、あのラストロのパニックは、人々の無意識のうちの内戦の恐怖の表れだったのだ。

事件の直前、私は応用美術学校の石版画教室で、石版を磨いていた。大きな重い石版を二

13
11

枚合わせて、その間に金剛砂《こんごうしゃ》を撒《ま》いてザーゾーザーゾーと擦り磨くのである。その砂の音がやかましくてほかの音は聞こえない。ふと、後ろを見ると、学生が一人もいなかった。もともと少ない学生だから、ときにはそんなこともある。先生も下のバルにコーヒーを飲みに行っているんだろうと思っていた。ところがしばらくすると守衛のおじさんがやって来て、まだ終業時間ではないのに、今日はもうおしまいだ！　と言う。首をかしげる思いで帰宅する道々、あちこちのバルのテレビでくり返しクーデター軍の国会での発砲シーンが報じられていた。

サラゴサからの、クーデター軍の戦車隊がもう少し早くマドリードに着いていたら、歴史は変わっていたかもしれない、と言われた。老人たちは、あのかつての内戦を思い出して、本当におびえていた。一九八一年二月二十三日のことである。

さて、一九八二年に、私は六年ぶりに日本へ帰った。久しぶりの日本は、目がくらむようであった。いやもしかすると日本はさして変わってはいなかったろう、私の目がくらんだのである。本屋へ入っても、あれこれ読みたい本はスペインで考えてはいたのに、ずらりと並んだ漢字だらけの背表紙を、さっと眺めるというわけにいかず、一文字ずつ口に出して読んでみなければ頭に意味が入らなかった。本屋ではひどく疲れたのである。また、省略された独特の文体で書かれた電車の吊り広告の意味が、字面《じづら》は読めてもさっぱりわからなかった。

そんな具合ではあったが、銀座のある大きなギャラリーで、スペインで描きためた作品を展示できることになった。このとき初めて、自分の描いた絵がとりあえずちゃんといくばくかのお金に替わり、いくつかの新聞や雑誌に批評が出たことを知って私は驚いた。

スペイン生活の初めの一年はスペイン政府の奨学金で生きた。それ以降、この八二年まで、小学校の絵の教師であった父からの仕送りで生きていた。おかげで私は一切のアルバイトをしないですんだ。貧しかったがもっぱら絵だけを描くことができたのだ。ピカソの父も絵の教師で、ピカソが三十前後まで仕送りをしており、何よりもそれに感謝している、とピカソ自身が後年語っているが、私も同様な恵みを父から得たのである。一切稼ぎはなかったが、それを恥じもせず、これを天恵とこころえて、仕事をし、遊びもした。日本にいればこれはただの〝与太郎《よたろう》〟である。私は三十四歳、独身だった。

さて、ここに、カンテの名人であり私の義兄弟であるヒターノの、私と同じく経済的低空飛行生活者のホアンが教えてくれた次のような言葉がある。

ヒターノは食わない。

ヒターノは働かない。

文字通りの意味である。ヒターノたちが、ごく少量の食べものを口にするだけで充《み》ち足りてしまうのは本当である。働かない、というのも本当で、好きなことしかしないのである。好きなことを、好きなときにやる。当然貧乏だ。せっせと働いて貯金するヒターノも、まったくいないわけじゃないが、それは、へんなヒターノである。

Juan Gordo Agujeta

Juan
Talega

Manuel
Agujeta

Rafael
Romero

ヒターノの多くは、フラメンコを歌う。あるいは踊る。あるいはギターなどの楽器を奏《かな》でる。それが生業につながる。あるいは馬喰《ばくろう》。またはホアンのように鍛冶屋《かじや》。またはカゴ作り。それも、一家の中でそれらが好きでうまい者のみがそうなるのだ。

あるとき、親しいヒターノのフラメンコ歌い（文字が読めない）が言った。

「何ィ！　ヒターノが働くだと？　そんじゃ、アルテ（芸術、芸能）はいったい誰がやるんだ！」

これほどの金言は、私にとって、あんまりないように思われるのである。

そして今。私はいまだにスペインに住みつつ、絵描きの看板を掲げて、人々の喜捨《きしゃ》と宇宙の奇跡に支えられて低空飛行を続けている。南無三宝《なむさんぼう》！

スペイン人はねじれる人

「光と影」の国

　さて、スペインという国を一口で言うならば、さしずめ「光と影」の国ということになろうか、なんてことを私は言いたくない。

光と影、「ソル・イ・ソンブラ」とは、日常的にスペイン人自身もよく使う言葉である。でも、人はふつう見知らぬ文化を目《ま》のあたりにすると、とかく極端な面ばかりが見えるものだということを知らねばなるまい。

　スペインの代表的な新聞の一つ、『エル・パイス』紙の日本紹介記事に「日本は古い伝統と最新のハイテクとが同居した極端な性格の国である云々」とあった。極端な国？　日本が？……（そうかもしれないわね、という簡易反省癖《へき》こそ日本の〝伝統〟なのだが、それは今取り上げないことにする。）

我々日本人がアメリカやピレネー以北のヨーロッパを見ても別に極端な国に見えないのは、我々がアメリカやヨーロッパばかり見て暮らしてきたからであり、今や欧米の光と影は日本の光と影に一致しているからなのである。

八百年に及ぶアラブ文化の影響を、五百年を経た今なお濃厚に残すスペイン。ヨーロッパから見ても異《い》、アジアから見ても異《い》。その国のこの新聞は、ときたま日曜版にこの手の日本紹介を載せるのだが、それによると、日本の子どもたちはひたすら管理され塾に通い、若者たちは「タケノコ族（!）」か東大エリートコースかのいずれかであり、大人になると仕事ばかりで休日は社用ゴルフ、バカンスは豊島園《としまえん》芋洗いプールとのことでその写真一枚、日々はこれすべて管理され、和服の生け花婦人はたちまちコンピュータでお買物、伝統仏教の坊主《ぼうず》はバイクで走りワハハと笑う……ということなのだが、私は長い間ピレネーの果てにいて、このごろの日本をよく知りませんけれど、まさ

か、ウソですよね（！）。

こういう状況がおおむね事実であるにもせよ、人というものは、その間をぬって何とか工夫してそういう極端な状況の間の、つまり光と影、白と黒の間のハーフトーン（半調子）を、少しでも微妙に作り出していこうと、日々努力しているものなのではないか？　そこのところをようく見ないと、日本はいつまでたってもフジヤマゲイシャにハイテク、だろうし、また、スペインはいつまでたっても、情熱のフラメンコと闘牛、〝光と影〟の国にしか見えないだろう。

この『エル・パイス』の新聞記事を持って私に見せに来たスペイン人のビジネスマンの友人は、「日本てえらいところだなァ」と言うので、私は言った。

「それじゃ日本人がスペインのことどう見てるか知ってるかい？　スペイン人は日曜日ごとに町に牛を放して、男は赤い布持って走り回り、女はバラの花をくわえてフラメンコを踊り狂う、と思っているんだぜ」

友人は「まさか！」と鼻で笑った。

でも、みなさん本当にそう思ってますよね？

同業者

偶然、南のアンダルシア地方に住む日本人の友達に出会ったので、近くのバルへ入り、ビールを立ち飲みしてゲラゲラ笑っていた。私のアトリエのそば、マドリードの下町である。明るいうちから始めたのに、外を見るともう暗くなっていた。さっきからカウンターのすぐとなりで、やはり二人組のスペイン人がゲラゲラ笑っている。ふと目が合うと、いやァ楽しいことはいいことだ、などと言って握手してくる。

その通りだよ、などと応じていたが、ふと見るとなぜ彼らが笑っているのかがわかった。

このごろスペイン中のバルには「マキナ」と称する電子スロットマシンが置いてあって、客が小銭を入れて楽しめるようになっている。当たると小銭ながら現金が噴き出してくるから、ギャンブル狂は血眼《ちまなこ》になって熱中して、楽しむというより苦しんでいるけれど。

さて、彼ら二人組は交互にそのマキナに小銭を投入するのだが、そのたびにピコピコと鳴ってジャラジャラ！　と小銭が湧き出て、もう受け皿からこぼれ落ちている。なるほど笑いが止まらないわけだ。

「すごいねえ！　運がいいや」

「ハッハッハッ、おーい給仕！　こちらさんに一杯ずつおごりィ！」

「ビバ・ラ・ビーダ（人生万歳）！」

彼らは二人とも黒い革ジャンパーを肩に引っかけ、一人はハゲの、何だか知らないけどベテランという感じの初老、もう一人は若い衆。何となく二人とも顔がススけて泥がついている感じ。ま、そう言う当方だって湯上がりの肌にシルクのシャツ着てるわけじゃないですけど。

ハゲの親方が言う。「わははは、笑うことはいいことだ。だが難しいことでもあるな。でも今おれたちゃみんな笑ってる。いいなァ、オレー！」

何杯もおごってもらったたっけ。でも、当地ではおごりおごられはふつうだから、べつだん義理を出して当方の生い立ちなんぞをしんみり語る必要はない。こっちはこっちで勝手に盛り上がっておればよいのだ。と、またひとしきりジャラジャラッと音がして、ゲラゲラゲラ！　ハゲ親方が叫ぶ。

「ウォー！　よーしもう今日の仕事はヤメだァ」

「当たり前よォ、金があって何で働くんだァ」と私はマルクス主義的な合の手を入れて笑った。

「ところで」

と親方は声をひそめて、ススけた顔を我々二人の間に突っ込んできた。

「あたしらが何の商売だかわかるかね」

「知るかい」

「コレだよ。コレ」

と言って親方はカウンターの下でそっと人さし指を曲げてひねって見せた。

「えッコレかい？」つまり泥棒ですな。万国共通のしるし。

「フフフ。自動車専門」

「へえええ」

もっともこの界隈じゃ珍しくもないけれど。でも私たちが目を丸くして、しかるのちに大笑いをしたので、彼らは気をよくしてまたどんどんビールをおごってくれた。

「車の鍵ってのはどうすれば開くんだ」

と若い衆にきくと、

「針金だよ。親方はどんな車でも開けちまう。おれは見張りさ」

「でもおれの車はとってくれるなよ」

「どこに置いてある？」

「日本だ」

c.h.

大笑い。本当は日本にもないけど。

親方「ハハハハ、さァ帰って寝ようぜ。じゃまたね、同業者《コレガ》」

同業者と言われたぜ。大笑い。乾杯。

多忙

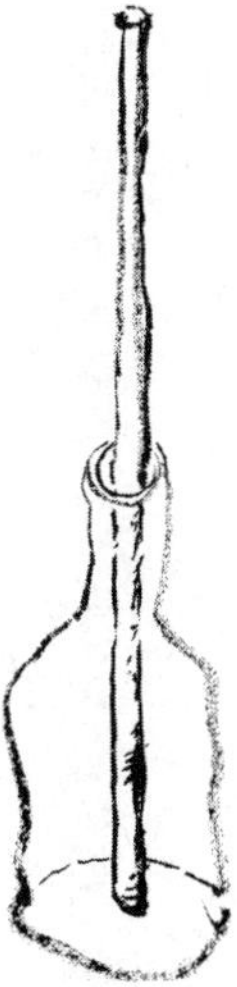

珍しくもこのところ〝多忙〟のまねごとをしているが、多忙は別に病気や貧乏ではないと見て、他人の同情は薄い。

「お忙しい!?　いや大変ですねえ。久しぶりですから今からそちらへうかがいます」

なんてえ方がいらっしゃいます。

スペインで忙しいのは泥棒だけだ、なんて言われていたが、オリンピックと万博とアメリカ大陸発見（アメリカ先住民もこのとき〝発見〟され、やがて虐殺されたのである）五百年祭とヨーロッパ統合と……つまり盆と正月がいっしょに来た、あの九二年以降、スペイン人はみな忙しそうになってしまった。つまりみな泥棒になってしまったわけです。

私が初めて当地に来たのは一九七三年で、独裁者フランコが元気だった。警察力が強大なため泥棒はいず、物価は安定していた。私は重いリュックを道に放り出したままペンションさがしをしたが、もどるとリュックはそのままだった。今なら、くしゃみをする間に荷物はない。

当時多忙な人は一人もいず、用事で役所などへ出かけても、門衛《もんえい》の機嫌が悪いと「マニャーナ（明日）！」と言われた。しかし裏口へ回ると別の門衛が「ようこそ」と言うのである。さて、せっかく中へ入っても係の役人は不在。コーヒーを飲みに行っている。やがて役人は絶望的な顔をしてもどってき、いやいやタイプを打ってくれるが、紙の半分までゆかぬうちに無言のままフイと立ち上がり、出ていく。やがてハンカチで口を拭きながらもどってき、人さし指でぽつぽつタイプをたたき、またフイと立ち上がって出ようとすると、秘書の中年女性がさすがに声を出した。

「セニョール・アニーギ。どうかお座りください」

つい実名を出してしまったが、その名は彼の茶色の背広とともに忘れられない。

ある日市役所へ行くと、妊娠中の大きなおなかの女性が一人座っているばかりだった。用件を言うと、あくびをしながら、

「ふァー。いま誰もいないのよ、見ればわかるでひょ」と言った。

「あなたは何なんです？」と問うと、

「あたいはここで働いている者よ。でも今ダメなの」

ほかの役人はコーヒーを飲みに行っているのだ。みな、いっせいに。

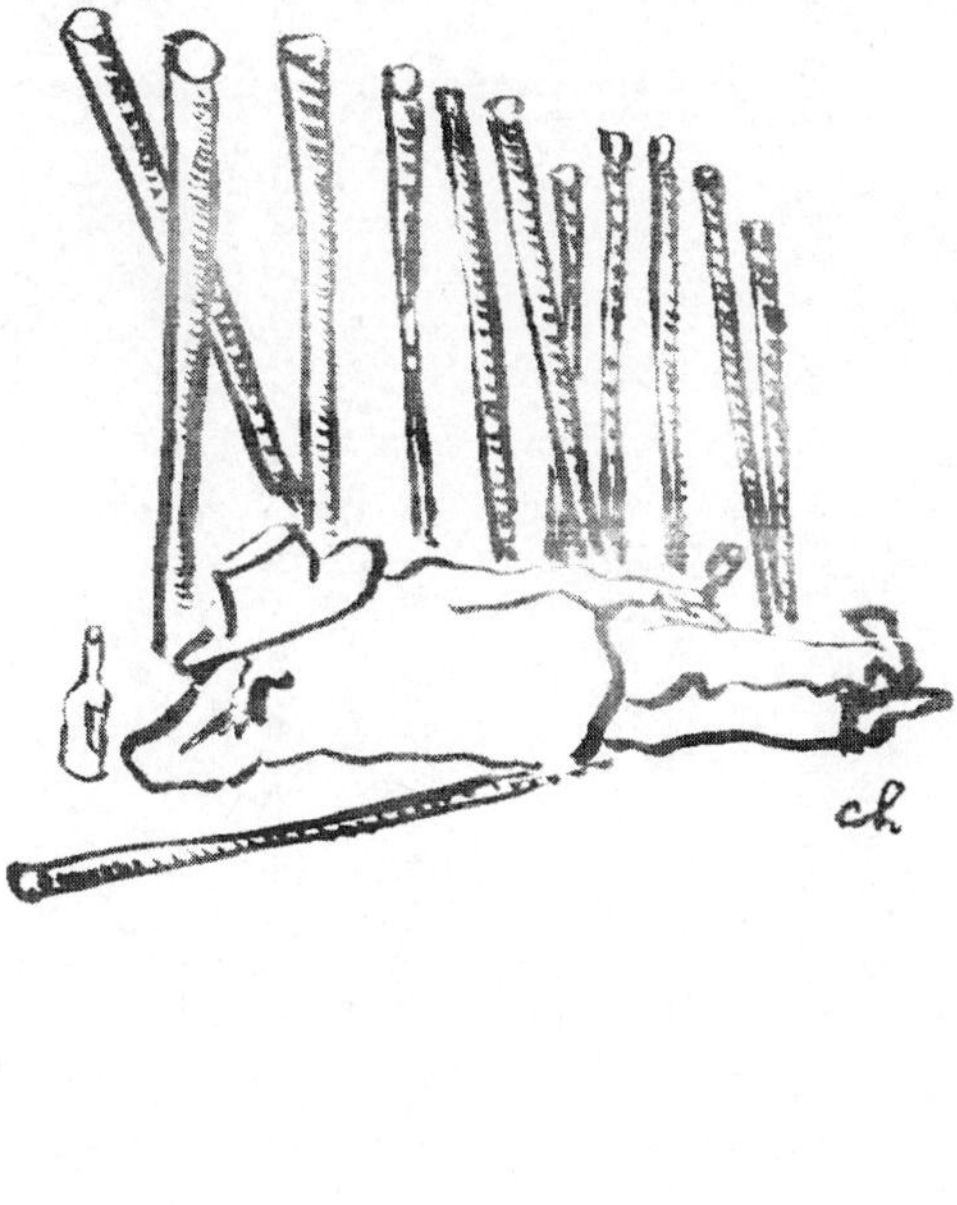

多棒

「なぜあなたじゃダメなんです？」と問うと、

「今赤ちゃん産んでるとこなのよ！」

と言ったような気がするけど、記憶違いでしょうね。

かようにスペインは、のんびりしていた。

すべてのバルは、夜中の三時までやっていた。それでも朝は九時から働くのだ。で、シエスタ（昼寝）の習慣があった。シエスタの間にできた子は美人だ、などと言われた。

今じゃバルは夜中十二時に閉まる。朝は九時から働き、シエスタは、やはりある。でも美人は減りましたな。本当に。

やっぱりこのごろスペイン人は忙しいのだ。何しろオリンピックだ万博だ、そしていよいよ、憧れのヨーロッパ人となるのだ！（今まではただのスペイン人でした）

でも、浮世離れした私の目には、水洗トイレの排泄物が最後にいっしょにからまって奈落《ならく》へ吸い込まれるように、ヨーロッパが一つになるんだ、と映ってしようがない。ヨーロッパがアメリカや日本に敗退したとかしないとか、そんな小さなことではない、何かこう、人類というものが、柔かいトイレットペーパーみたいに弱々と水に溶けて流れていくような。吸い込まれる直前にくるくる忙しく回る渦《うず》のような……。

タクシー・ドライバー

　ある夜ふけ、オペラの近くを歩いていると、大きなガラス窓の向こうに珍しい車が飾ってあった。ペパーミント・グリーンと白のツートンカラーのオープンカーである。後部トランクも二つのドアも開いたままにしてある。何ともチャーミングな車だ。

　翌日またそこを通ったついでに値段をきいてみると、案外私にも買えそうだった。車種はシボレー・コルベット五七年型。

　よろしい、買います、と私は女店員に告げた。「お金は明日持参します」

　翌日の午後、お金を持参し、女店員と話をしていると、何やら息せき切った感じで初老の紳士が飛び込んできた。

「ちょっとあの車の値段をおききしたいんだが」

女店員は、「お気の毒です。もうこの方に売約済なんです」と言った。紳士は、「おお！」と嘆いて、残念そうに車を振り返りながら出ていった。へえ、ああいうマニアがいるんだなァ、してみるとこの車はなかなかマニア泣かせなのだな、と私は心中ひそかにほくそえんだ。

ふだん私はこういうものには趣味は持たない。だがこの車は意外だった。こいつを持ち帰ってテーブルの上に置いてみるとなかなか可愛いのである。

あれ？　本物の車だと思いました？　あの、中東から汲《く》んできた油燃やして、紳士も淑女も尻から煙噴いて走る奴？　カカカ、あーんなもの。今にごらんなさい。あっという間にただの箱だから。

というわけで車は持たないので、タクシーに乗る。

「サン・エミリオ通りまで」

運転手に告げると、たまたま感じのよくない人物で、

「ふん。んじゃM30を通ってくぜ」

と強引な答えである。環状線M30は、渋滞は少ないが大回りなので料金は高くなる。が、とにかく車は走り続けるから気分はよい。むろん運ちゃんにとってだ。

「ノー。グラン・ビアからアルカラ通りを抜けてくれ。今ごろなら渋滞はないはずだから」

と私は答えた。すると意外や、運転手の気の曇りが急に晴れたようで、

「そうね。今ごろなら渋滞はないやね。それにしてもこのごろの天気はどうなってるんだろうねえ、雨ばかりで」

道々、軽い冗談まで飛ばすようになった。もちろんこれは一つの例であるが、私は日本人旅行者に、外国へ行ったらまず「ノー」と言いなさい、と勧めたいのが今回のテーマである。

もちろん外国で何かイヤなことをされそうになれば、誰だってノーと言うのは当たり前だ。でも今私が言うのは「常にノーと言いなさい」のススメなのだ。たとえば、スペインの田舎《いなか》へ行けば村人が話しかけてくる。

「スペインは気に入りましたか？」

日本人の善意の旅人なら、何でここでノーと言えよう。そんなことを言えば、村人の気分を害するだろうし、人様の土地へ来てその悪口なんか言うのは礼を失する、万一石でも投げられたらこまる、第一自分はここがけっこう気に入ってるし……。

だが、そのときこそノーとお言いなさい。

日本人はシー（はい）と言うことが善だ、と信じて何千年もやってきた。だから、ノーと言うのはほとんどケンカ別れを覚悟した場合だけである。それも、何とか言葉の上ではシーを少しずつ曲げてつなげて、鉄道模型のレールみたいにして、やっとノーを暗示する。

が、スペイン人にシーと言うと、つまらなそうな顔をする。右の村人には、好意に満ちたノーを言ってあげるがよい。村人は怒るどころか、目を輝かして、「ポルケ（なぜ）？」と問うだろう。そうしたら、あなたは存分に思うところを述べるがいい（その前にスペイン語勉強しなくちゃね）。村人は真剣に耳を傾け、そして語りだすだろう。つまり、村人はあなたのノーをきっかけに、故郷礼讃《らいさん》、家族礼讃、自己礼讃のスペイン三大叙事詩《じょじし》を歌うであろう。この歌こそが、スペイン人永遠のテーマなのだ。あなたはノーのひとことで、彼に大好きなカラオケのチャンスを与えたことになる。次に会うとき、彼こそはあなたのアミーゴである。

スペイン人にとって、シーとは無に等しい言葉である。石コロはただ道に転がっているのではない。それは常にシーと言っているのだ。だから、踏んでもケッてもかまわない。人もそうだ。いつもシーと言ってる人は、石コロと同じなのだ。いつもだまっている人も石コロと同じで、いつもシーと言っている、というわけだ。だから、人は生きている限り、ノーと言っていなくてはならぬ。これが、スペインでの人生だ。いや、フランスでもアメリカでも、それは大同小異のはずだ。存在証明は、ノーのひとことから始まる。そして、ノーが相手を傷つけるのではない。むしろ、右のタクシー運転手のように、当方の言うノーのひとことで、孤独な労働の中にハタと人間に出会った気持を取りもどすことさえできるのだし、村人と友達にもなれる。

シーと言ってばかりいると、やがて無視されて友達になれない。シーとばかり言っていると、やがて主従の従になってしまう。道の石コロになってしまう。

孤独な運転手アメリカに、ノーのひとことが言えない世界一みじめな客、日本よ。料金のみ払って、どこへ行くのか。

¿Le gusta Éspaña?
Chiaki

アリとカマル

アリ

夜の三時間だけ開く国立応用美術学校というものに、十五年ほど前、私は通い、四、五年の間リトグラフ（石版画）に熱中したことがある。人のよい老先生は、サッカー新聞を広げ、読み飽きると近所のバルへ行ってしまう。そのおかげで、意欲はあるが金のない若い画家の卵たちが、勝手に出入りして重い石版を磨いては制作していた。

ある日そこへアリが入ってきた。口ひげの濃い小柄なイラクのクルド人で、もっぱら故郷の人々の悲しげな表情ばかりを描いた。級友たちの顔をデッサンすると、どれもみな同じ憂いに満ちた、しかし魅力的な顔になった。

とかくガラが悪いと言われがちな近郊の村バジェーカスからスクーターでやって来るアントニオが、ある日、マザコン青年エウスタキオの刷りを手伝っていた。

「ちッ！　そうじゃねえって！　ホラこっちを回すんだ、そうそう！」

　どなられるたびにエウスタキオは体をくねらせた。やがて彼は唇をなめなめおごそかに待望の初刷りをめくってみると……あれ？　何も刷れてない。インクをつけるのを忘れたのだ。アントニオは天を仰いで両手を広げた。エウスタキオはまつげをパチパチさせて立ちすくむ。私がゲラゲラ笑いだすと、大急ぎでアリが飛んできた。二秒後に事態を理解してアリの笑うこと笑うこと。石の床を子犬のように転げ回って笑った。

　ある日アリは、バグダッドから来たカマルを連れてきた。フォーク歌手のボブ・ディランのような顔立ちで、千夜一夜物語を思わせるゆっくりとエレガントな手の動きをした。イスラム圏の絵描きに不思議と共通する、青灰色の水底の静寂を思わせる絵を描いた。彼はアリの部屋に居候をしており、ときどき私が遊びに行くと、ピカソやタピエスの話から級友のカルメンの使う色目の話までなどをした。彼らのいれるイラク紅茶は、砂糖が大さじ三杯入りだった。

　あるとき、突然イラク政府からアリに呼び出しがかかった。理由は不明。帰国前夜、友達が数人でバルのはしごをして、お別れの乾杯をした。アリは私に、「おれにはおまえが外国人とは思えないよ」と、アラブふうズーズー弁スペイン語で言った。「おれもだよ」と私は言って、抱擁《ほうよう》のあいさつをして別れた。そのとき、アラブ語でもあんたはアンタと言うことを教わった。

　それから何週間かして、イラン・イラク戦争が始まった。クルド人のアリは最前線に送られたという話が伝わってきた。

一方カマルは、祖国を捨て、バルセロナに移ったが、居所《きょしょ》不明となった。一、二年後たまたま私がバルセロナへ遊びに行き、カテドラル前を通ると、街灯の下でぽつんとたたずんでいる似顔絵描きは、カマルだった。カマルは画板を放り出して私に飛びついた。彼は裏町の湿っぽい三畳間ほどの窓のない洞穴《ほらあな》のような石炭置場に住んでいて、ベッド代わりの壁の窪《くぼ》みの周りに、水のように澄んだ彼の抽象画の小品が並んでいた。

それから数カ月して、アリの戦死を聞いた。カマルはすでに洞穴を移ったらしく連絡がつかなかった。


それから一年ほどたったある日、マドリードのマジョール広場で偶然カマルに出会った。バルセロナから着いたばかりで、似顔絵を描きながらリスボンへ行くという。リスボンにひとつ〝脈のある〟ギャラリーがあるのだ、と。

カマルは一大ニュースを持っていた。アリは生きている、というのだ。敵方《てきがた》イランのクルド族領に逃げ込んで、陸地伝いに、ついにスウェーデンにたどり着いて亡命したと。

カマルは、「おれも初めは本当に奴が死んだと思ったよ。で、一晩寝ないで詩を書いたよ。奴の思い出の詩さ」と言った。

その晩、私たちは朝まで飲んで、歌った。私がへたな歌をうたうと、カマルは「アラーハ・アクーバル！（神は偉大なり）」と何度も叫んだ。

翌日リスボンに向けて発《た》ったきり、今、カマルはどこにいるかわからない。

「どんな国でも、帰れる国はよい国だよ」

というカマルの言葉を思い出す。

春の贈りもの

マドリードに三年ほどいた画学生のW君が日本へ帰国するので、トレドに二十五年住んでいる日本人画家のS氏夫妻を訪ねてお別れの一杯をやりたいという。で、マドリードからバスで一時間半、W君といっしょにトレドへ行った。三月下旬、春のはなし。

トレドはスペインの古都である。ガイドブックを見れば、何千年の昔からの歴史がどうのこうのと知ったかぶりを書くこともできるのだが、めんどうだからやめとこ。とにかく、「世界文化遺産」のトレドは古い古い謎の都で、かつては世界の中心であった。荒涼たるカスティージャの野に、突如地から湧いて出た太古のキノコのような乾いた偉容は、対岸のパラドール（国営ホテル）から存分に眺められる。一日中眺めていて飽きない。

シーンと静まりかえった地平線の上に、奇跡のように生え出た土と岩だけの町。ああ、こ

の光景を眺めることこそ、この世の思い出……。この砂漠のような地上にはびこるカビのような人間が、いくらがんばっても、見よ、なァーンにも変わりゃしない。それよりこの春の陽ざし、揚げヒバリの声、なァーンていい気持だろう！ 千年不変の風景、いや光景を、ちょうど卓上の模型でも眺めるように、このテラスから終日眺めれば、千年単位の時間が目に見えるのだ。自然と人工とがともに古び、化石化した空間。こんな場所、世界のどこにあろうか。

W君は、帰国にあたってそんな風景をもう一度見ておきたかったのだろう、トレドへ行こうよ、S氏の家へ行こうよ、としきりに言うのであった。

S氏の家はトレドの町なか、アラブふう迷路の中の十五世紀の家の最上階で、窓からは、カテドラルとトレドの町の屋根屋根の向こうに地平線が見晴らせる。狭いサロンながら、窓から千一年目の春風が吹き込んで、さながら空中楼閣《ろうかく》である。

そこで一晩、とっておきのベガ・シシリア（フランスあたりの有名銘柄ワインをありがたがっている日本の贋グルメがお気の毒）を空け、オランダ渡来の絶世のジン、K…何とかを飲みつつ、W君が得意のギターを取り出して、ゆっくりとソレアをつまびけば、あたくしがその一節を軽く唸《うな》る……という、価《あたい》千金、春宵《しゅんしょう》の一刻《いっこく》……。

たくさん飲んだのに二日酔いもない翌日の午下《ひる》がり、コーヒーを飲んでから細目のスパゲッティをゆでてソウメンのようにして食べて、春のトレドの野へブラブラくり出した。トレドを囲む天然の壕《ほり》タホ川をわたった丘の向こう。

日本でアスパラガスの葉は、カーネーションの花束に添えられる柔かな細い葉だそうだが、当地では、オリーブの木の根方にゴシャゴシャと寄り添うトゲだらけのヤブの中の、針のような、トゲトゲしくいじけた鉄条網のような植物がそれ。私はそれを「シティボーイふう」と耳新しくもない言葉で自慢した新品の革靴で押しのけ踏みわけ、皆々頬や腕を引っかき傷だらけにして、濃緑色に突き出た一本の野生のアスパラガスをさがすのだ。

のんびりやっていたつもりが、数刻ののち、みなヤブの中をさがす目つきとなる。まさにヤブニラミ（若いW君はそんな言葉聞いたことないと言う！）である。収穫は多くなかったが、S氏の家でゆでて食べたそれは、山菜特有の苦味があって、最高の春の贈りもの。

（後註・W君は若林雅人君であり、S氏は下野正雄氏である。下野さんは二〇〇五年六十四歳で亡くなった。合掌）

愛は惜しみなく奪う

大家

私のアトリエの大家は、カサブランカ出身のアラブ人の老婆である。

彼女は自宅で宿屋《ペンシヨン》を営んでもおり、食いつめのアラブ人の巣になっている。毎月私は家賃を払いに、歩いてそこへ行く。

暗いサロンの壁に、何十年も前に彼女を捨てて逃げたスペイン人の夫の、顔のところが無《む》惨《ざん》に破られた写真がある。その残った部分に彼女の花嫁姿がほほえんでいる。胸痛むオブジェである。

「あたしやあんたのようにね、色のついた肌を持つ者はスペイン人と結婚しちゃいけないよ。必ず差別されるからね」といつも彼女は教えてくれる。

ち、違うよ、日本人はもう有色人種でもアジア人でもない、ぼくら、もう、白人なのよ。

お金あるし。白人なのよ。

彼女の名はマリア。大柄でやせて色浅黒く、目ばかりぎょろりとしたミイラのような迫力は、おとといカタコンベから甦《よみがえ》ったかのようだ。初対面のとき、頬にキスのあいさつを交した後、私はゾッとして、あとで思わず外の壁に頬をこすりつけたものだった。

彼女とのおつきあいも十五年を越え、不思議な愛着を覚える。なかなかの人情家で、「元気かい」の電話もたまにくれるし、クリスマスには必ずシャンペンとクッキーを用意して待っていてくれる。そして、

「あたしたちは信頼の関係だからね」

と、泣かせることを言う。そうでしたね、と、つい更新する賃貸契約書の作成をまかせると、書面の月額が話し合いより一万ペセタ高くなっている。ヤラレタ！　とわがお人好しぶりを後悔しつつも、怒ってとがめると、

「イヤならやめときな。アパートを借りたい奴はいくらもいるんだ。こないだも金持ちのオランダ人が……」

嘘つけ婆ァ。どこの金持ちが、泥棒とスリと宿なしのアラブ人と亡命のポーランド人と極貧の日本人と麻薬中毒のスペイン人のたむろする広場の脇のボロアパートを借りるかい！

信頼《コンフィアンサ》とは、しかし私のほうが初めに使ったセリフであった。

私たちは美しい信頼の関係にあります。世の中に、インフレ酷税夜逃げサギ麻薬中毒家賃踏み倒し電話代電気代踏み倒し、借家の家具の横流し等々があふれても、私は違います。ま

た、いつかのように天井から二十kgのしっくいが落ちてきても、水道管が破れても、みな私が直しました。家賃の不払いが一度でもあったでしょうか？　何かの不都合があったでしょうか？　否《いな》！　これを、信頼と言うのですよ。私たち日本人は信頼の国民と言われています。

こう叫んで家賃の値上げを最小限にしたことがあったのだ。

ある日、家賃を持っていくと、割れたガラス窓に血痕が飛び散っていた。きくと二十三歳の息子が暴《あば》れたのだ、と言う。

「子どもなんて産むもんじゃないよ！　さんざ可愛《かわい》がって、末っ子で頭弱いから、さァ勉強したら自転車買ってやるよ、チョコレート買ってやるよって家庭教師つけてさ。あげくがこれさ。悪い奴らとつきあって、麻薬さ。ゆうべ、母ちゃん金くれ！　くんなきゃ殺すぞ、本当に殺すぞってあたしの顔なぐって首絞めて。あんな奴二度と警察から出てこなきゃいい！」

私は気の毒になって、卓上の彼女の手をとった。そのまま彼女は二時間も息子を嘆いた。なぐられた前歯を見せてくれるのに、彼女はまばらなそれを、墓石のようにぐらぐらとゆすってみせた。

「首を絞めてもあたしが死なないもんだから、怒り狂って自分から窓ガラスに首突ッ込んだのさ。そして顔中血だらけになってこの二階のバルコンから下の道へ飛び降りちゃァ雨ドイを伝ってまた登ってくるんだよ！　スルスルって。まるで悪魔だよ。あたしゃふるえたよ」

彼女を慰め、今月の家賃を払って出てくると、まちがって一万ペセタ少なく払ったのに気づいた。
私はそのまま、久々《ひさびさ》のカツ丼《どん》を食べに日本料理屋に向かった。

アイ！　セビージャ

その風光のみならず、人々の気質、愛嬌《あいきょう》あるしぐさや生活のスタイル、粋《いき》といなせと気っぷのよさ、等によって世界一美しいとさえ言えるのが、アンダルシアの都、セビージャの町である。セビリアのことだ。地元ではそう発音する。

この町にたくさんあるヘンなバルの一つを紹介しよう。

小さな倉庫を改装したようなのだが、一歩中へ入ると、誰でも一瞬立ちすくまずにはおられない。昼なお暗い壁という壁には、主人の描いたプリミティブなキリストやマリアの油絵がびっしり金の額縁をつらね、そのスキ間にはアルミホイルが詰め込まれて輝く。どこかの教会から誰かが盗み出したのだろう聖母像が暗がりから店内を見下ろす。カウンターの上にはビデオの画面があり、四六時中、おっふう！　かのセビージャ大名物セマナ・サンタ（聖週間＝復活祭）の行列とおみこしの録画が押しつけがましく流れている。

スペイン中どこでも、セマナ・サンタは、熱烈に、そして厳粛に催《もよお》される。各教会の宝物である、等身の二倍ほどのリアルなキリストやマリアの古い木像を、みこしにのせてかつぎ、町のあちこちを、一晩中静かに練り歩く。田舎じみた吹奏楽団がおごそかに悲痛な曲を奏《かな》で、その後ろを、善男善女がぞろぞろと、たった今悔い改めたような顔をして神妙につき従う。群衆はそれらをとり囲み、ときに涙を流し、みこしの上のマリア像をほめたたえるかけ声や、無伴奏のアラビアふうのほめ歌「サエータ」を投げかける。特にセビージャのセマナ・サンタは、その規模と熱狂度において、我々はただ口を開けるほかはないのである。

このみこしは、台の周囲が厚い布で覆《おお》われていて、その中に二、三十人の若者が入って、何トンもの重量を肩に負いつつ、休み休み進むのである。布の中で姿は見えぬが、この祭りで最も「いなせ」な役回りが、このコスタレーロとよばれるかつぎ役の若者たちである。このバルは、その名をとって「若きコスタレーロ」という。

かつて西ドイツ（当時）のＴＶ局が取材に来たという、このバルのおどろおどろしさは筆舌に尽くすのが難しい。広い土間の床には暑苦しくも、汚い毛布をかけた円卓が一ダースほど並ぶ。これはスペインふうコタツなのだが、夏でも毛布を除かぬのは、実はこれ、コスタレーロたちによってかつがれる聖像のおみこしを模しているのである。ホコリだらけの片隅に、ときとして主人が、つまり、気取りのないヒゲのむさ苦しいじじいが、画架にキャンバスを立てて絵筆を動かしていることもある。トイレへ行こうとすると、その途中の暗がりに、夏も冬も小さな扇風機がトコトコ回っていて、アルミホイルでこさえた燭台をふるわせている。主人のじじいが寄ってきて自慢して言うには、

「ほらごらん。電気をつけるとこの燭台の影が壁にゆれて、ちょうどみこしにゆれるマリア様の燭台のようだわい」

何しろ、朝までやってるありがたいバルなのである。酔ッ払いどもがどんなにバカさわぎしていても、ハシゴ酒の最後にここへ来ると毒気が抜かれて、神妙に明日を思うのである。

ある晩遅く、私たちはここへ来た。ここは案外つまみがうまいのさ、と飲み友達のサルバドールが知ったかぶって、ポタへ（豆煮込み）とエスピナカ（ほうれん草煮込み）を頼んだ。前者は妙に酸《す》っぱく、サルバドールは抗議をしたが、じじいは、それはレモンの味つけのせいさ、としらばくれた。が、レモンを入れるポタへなど世に存在しない。「これは十年前に煮つけたもんに違いねえぞ」とサルバドールはうめいた。エスピナカも十年もののように煮くたれて茶色くなっていたが、まだ少ししか酸っぱくなかった。何しろほかに行く場所がないから、私たちはがまんした。

私は泥色の毛布からかもし出される不可解なカユミに悩んだが、それは君だけだからダニではないだろう、とみなが言った。そのうち、一同の中のカルメンがしゃっくりを始めた。で、私がでたらめの診断をした。

「つまりこのバルがあまり気味悪いもんで、君はあまり空気を吸いたくない。で、きっと吐く息のほうが吸う息より多くなって横隔膜《おうかくまく》が上にひっついちゃったのさ」

ch

「そうかもね。じゃ、私ちょっと外へ出て空気を吸ってくるわ」

だが、彼女はすぐにケタケタ笑いながらもどってきた。

「あー、おかしい。外におじさんがいて、深呼吸してるの。このバルの中にいたらなぜかしゃっくりが出たって!」

九二年の万博のための道路拡張で、このバルはもうない。あまりにリアルにその内部が目の奥に残っているので、もうない、というのがちょっと信じがたいほどである。

デッサン

エカキさんというのは文章もうまいですね、などとおだてられるとその気になって笑う。が、もしそういうことがあるとするなら、それは「デッサン」から来ているのであろう。

美術学校へ入ろうとする者は、やむなくまず石膏《せっこう》デッサンという勉強をさせられる。面白くないものの代名詞として、私らはそれを言うけれど、どのみち目と手を使って何かを表現しようとするときに、それは一つの有効な訓練なのである。むろん石膏デッサンは「デッサン」全体の入口であるにすぎない。

たとえばしわだらけの布に包まれた人体、というのがよくある石膏像の定番だが、布の中に隠れた人体の形をひだの上に読み取って、しかもそんな努力を感じさせぬよう、自然に白い石膏に見えるよう黒い木炭を使って紙の上に写す、という行為は、ひとり石膏デッサンの

問題のみならず、万象の不思議を見きわめる法であり、人類最高の叡智《えいち》の一つと言ってよいと思うのだが、それにしては私はあいも変わらず、算数の計算ができないのが不思議である。

このところ数カ月遊んだ日本からスペインへもどって、アトリエのバルコンを開け放って、百年を経たバロック調の鉄の手すりに足をのせて、オゾンホールからの紫外線を浴びてボーとしているばかりの時差ボケの私の頭に浮かんだのは、つまり、このバルコンの下の道を通る人々の「デッサン」をして本稿を埋めようという叡智である。

ここは石造りの建物の四階。下の道はマドリードの下町のごくふつうの、五階建てアパートの谷間をぬう、幅七、八メートルの古い石畳の街路である。数年前から市がなぜか歩行者専用にしてしまった。おかげでヘンな人物がいろいろ漫歩するようになった。

ハゲ頭の大柄な老人が来た。顔見知りのスリの親分に似ているが違う。小ざっぱりしたジャンパー姿だが一目で貧しいとわかる。スペインの小ざっぱりは、財布の中も小ざっぱりなのだ。向かいのバル「マリアーノ」へ入った。

大きなズダ袋を肩にかけ、頭髪を逆立ちさせたパンクふう黒人青年が、通行人に小銭を乞うていたが、すぐいなくなった。

長い黒髪の美しい娘が、Gパンに黒いジャンパーでさっそうと歩いてきた。大きな布カバンを肩にかけている。きっとフラメンコの踊り子であろう、ここから七、八分のところにある練習所に通うのである。同じ練習着入りの大カバン族でも、もっと若くてスラリと首が細くて長く、髪をアップにひっつめているのは、バレエかスパニッシュダンス（フラメンコふ

うのバレエ）の生徒さんだ。フラメンコだけをやろうとする踊り子たちは、どこか人生の甘《あま》辛《から》をこころえたようなところがある。単に年齢の違いだけかもしれないけど。するとフラメンコは若者の踊りではないのか、と問われるとこまるが、たしかに、でっぷり肥ったおばあさんの出る幕は、バレエにはないがフラメンコにはある。むしろそっちが真髄《しんずい》と言ってもよいくらいだ。

お、「まさしく日本人観光客！」という感じの日本人の中年男が来た。向かいのチーズ屋のウインドウをのぞいている。カバンを山下清みたいにななめがけしているのは、添乗員に教わったひったくり予防策だろうが、それを背中に回しているのはまずい。カミソリを持った泥棒もいるから。

それにしてもなぜいつも日本人はカバンを持っているのだ？　きけば、ガイドブック、地図、カメラ、メモ帳、航空券、パスポート、トラベラーズチェック、折りたたみ傘、カーディガン、水筒……。でも私は知っている。あの中に入っているのは何より「日本」なのだ。この旅に意味を与える日本の価値観を、彼は大切に背負っているのだ。

ななめ下のバルコンにバタ（ガウン）を着た中年女が出てきた。中流以下の主婦は家の中でこれをゾロリと着て暮らしている。いかにも退屈に安泰な人生を送っております、という感じで私は大嫌いだ。この姿で油だらけの豆料理を作りソファに寝くたれて昼メロを眺める彼女らは、相手が誰であれ、まるで叫ぶようにしゃべる。こういうものを、私はデッサンしたくない。

砂漠の水害

『デリカテッセン』という映画を見た。
来るべき第三次世界大戦後、焼け野原となったパリにぽつんと墓石のように残ってしまった裏町のアパートの住人たちの、風刺に満ちた物語である。人肉を売る住人たちに追いつめられて、上方の階の浴室に閉じこもった〝正気の〟一組の恋人が、もはや望みなしと観念して、扉のスキ間にタオルを詰めて浴室全体をプールにして溺死《できし》による心中を図ろうとする。食人鬼《しょくじんき》と化した住人たちがオノで扉を破ると、浴室満杯の水が一気に噴出して、何もかもが流れ去り、水によってゆるんだしっくいの床が抜け落ち、恋人たちはかろうじて残った便器にぶら下がって助かる……。
私はこのシーンを見て、わが身の思い出と合わせてゲラゲラ笑ったのだったが、ほかの客にはあまりうけてないようだった。というのも、そこは東京だったから。

日本人が四階建て以上のマンションに住むようになったのは、おおよそ戦後であろう。だがパリをはじめヨーロッパ諸都市は、何百年も前からの高層（五階六階……）アパート住まいである。マドリードもそうだ。私の仕事場も、百年前に建ったアパートの四階にある。壁の厚さが九十センチあり天井高が三メートル半あり、広さは三百平米弱ある。上下水道管は壁の中で何十年たっているのかわからない。電線もしかり。都市ガスはなく、各家ごとのプロパンガス・ボンベである。ヨーロッパの古いアパートでの生活は、古い管とその中の水との闘いである。

①廊下の一角が湿っぽいな、とは気づいていた。ある日ピンポーンと呼鈴《よびりん》が鳴り、出ると下の階のカミさんが怖い顔して立っていた。あたしんちの天井裏がぐしょ濡れだよと言う。壁の中の水道管が自然に破れていたのだった。すなわち私の〝責任〟で修理弁償。

②ある日曜の朝、さわやかに目覚めてベッドから足を床に下ろすと、ボチャンという。夢かと見ればくるぶしまでの洪水である。信じられぬ思いに水をかき分けてトイレに行くと、天井のタンクからしゅうしゅう水が噴《ふ》いていた。魂消《たまき》える＝たまげる、とはこのことだ。洗面器やチリトリ等で水を便器に捨てた。格闘二時間。下の階はバカンスで不在で助かった。きっとしみになってる。

③パリへ遊びに行き、安ホテルのフロを出しっ放しで昼寝。洪水。部屋代二日分を取られて放逐されたのは安い、とパリ在住の友人に慰められた。

④古都トレドへ遊びに行き、昼から夜の大パーティー、帰省中のアメリカ人の友人のアパートにみなでなだれ込み、勝手にマットレス出して床に敷いてゴロ寝した。深夜の酔い覚ましの水を誰かが飲もうと蛇口を開けたら断水だった。そのまま寝たところちょうどワインのコルク栓が流し口にはまり込み、早朝再開された給水の水が全部、流しからあふれ出して十七世紀の建物の四階にたまった。雪山行進の夢を見て目覚めれば、マットレスからはみ出た両足は水中に没していた！　このときも魂《たま》が消えた。私のとなりに横並びになって、いずれも足先を十センチの水深に漬けて寝入るわがアミーゴたちよ、起きなさい。天国は間近だ。ちょうど下の階のおばさんが屈強の息子にオノを持たせて上がってきたところだった。ドアを破るつもりだったのだ。

「何度呼んでも答えがないからね！　床が抜ける前に水を止めなくちゃね」

⑤ある日、私のアトリエの浴室の天井から多量の水が降った。上の階のフロの洪水だった。それが前後して三回ほどあった。しばらくのちのある雨の夜、ドカーン！　と音がして、天井のしっくいが二十kgの塊《かたまり》になって落下した。もし下におれば命が危ういところだった。当然上階の者の責任である。が、上階のハゲ親父は名にしおう〝転び司祭《エクスクーラ》〟であった。村娘をはらませてローマの法王庁に還俗《げんぞく》を申し出た、寺つきの僧である。嘘と偽善の説教で鍛《きた》えた舌先で、天井の事故から二年の間責任のがれをしたが、廊下で私に突きとばされたらすぐ修理をした。もっと早く突きとばせばよかった。

⑥さてもっと最近のこと、台所の水音は天井からの滝だった。これは転び司祭の隣家からの

もの。呆然と眺めていると下の階のおばさんがどなり込んできた。下へもしみ出しているらしい。おッ、おいらのせいじゃない！　おばさんと二人で上階へ急を知らせに上がったら、そこのおばさん、絶望のあまり天を仰いで十字を切った。

そのあと『デリカテッセン』の水のシーンを見たのだ。

笑うわけでしょ。

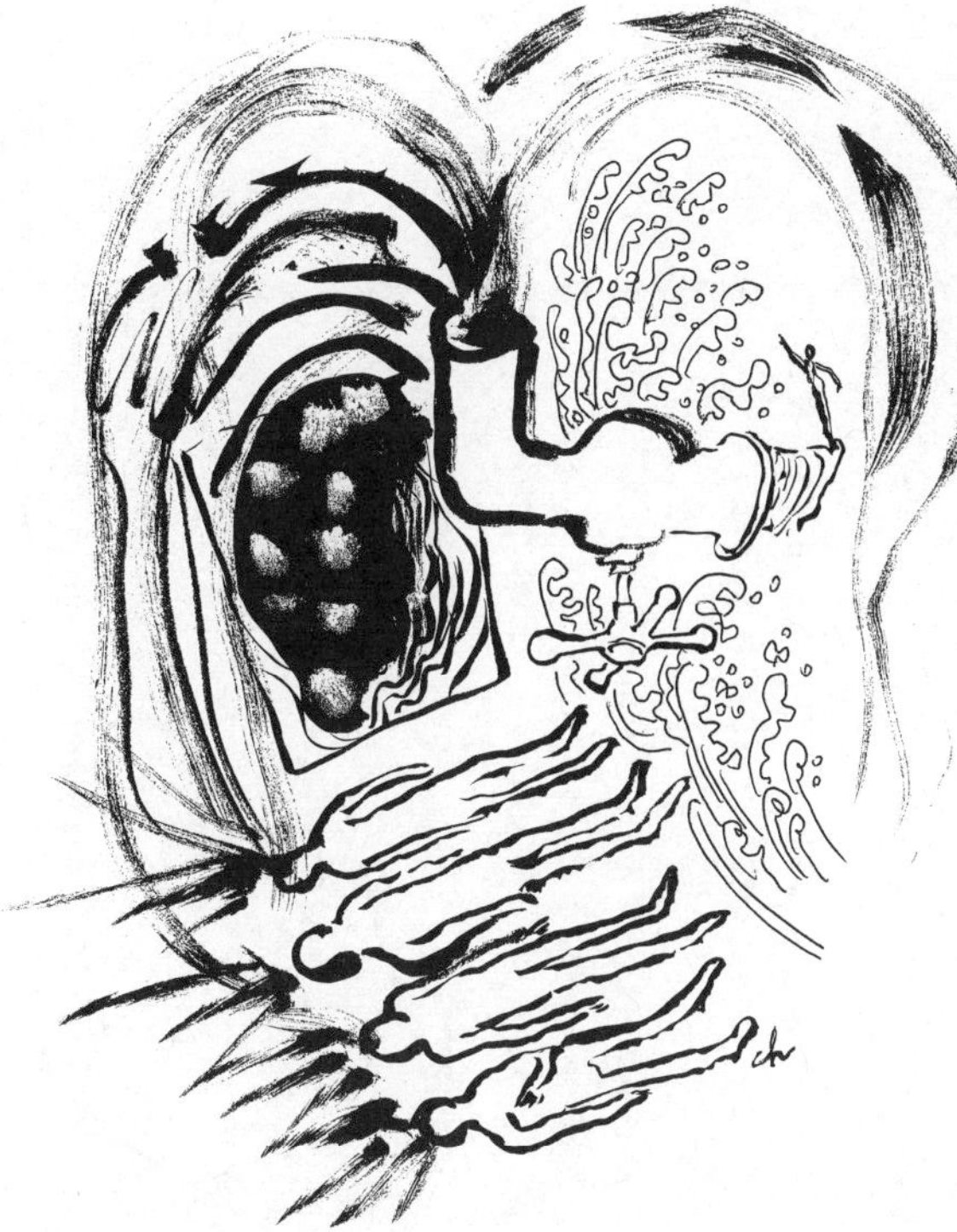

赤いキモノ

詩人アポリネールとの恋に破れた女流画家マリー・ローランサンがパリを去って、悲愁《ひしゅう》の身をマドリードに置いていたころ、当時の在スペイン日本大使の子である若き詩人・堀口大學《ほりぐちだいがく》と親しく交際していた、というのは意外な事実である。（関容子著『日本の鶯《うぐいす》』講談社文庫）

大學少年がマリー・ローランサンの住居へ迎えに行くと、彼女はきれいなドレスで画架の前に座り、長い画筆の端のところを軽く持って絵を描いており、その筆をきれいに洗ってから、二人で散歩に出かけたものだという。

そのむかし、何だかすきとおるようなイメージの二人が散歩をしていたプラド美術館周辺は、今、観光客たちでごったがえしているけれど……。

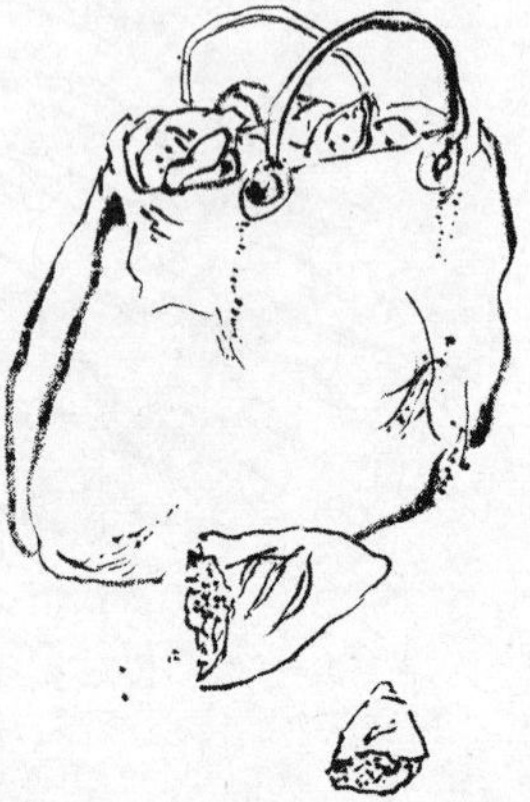

独裁者フランコ将軍が生きていたころ、プラド美術館からほど近いところにシルクロ・デ・ベジャスアルテス（美術倶楽部《クラブ》）という宮殿があって、特権階級のためのカジノ（当時一般には禁止だった）となっていた。

今は文化省の管轄《かんかつ》であるその建物の最上階には、美術倶楽部の名を正当化するためかどうか、大きなアトリエがあって画学生や愛好家に開放されていた（今も同様である）。

私もときどきそこを利用していたものだが、よく大柄の老婆を見かけた。身の丈は百八十センチくらいありそうで、金髪はボサボサで口紅は非常に赤く、近寄るのが怖かった。

ある日友達が言うには、その老婆はアメリカ人で、かつてモジリアニの恋人であったという。モジリアニ？　本の中の歴史が突然音を立てて動いたように、私は驚いた。

さて、私がまだスペインに来たてで、安レストランのオリーブ油が胃に合わずに毎深夜下宿のトイレでもどしていたころ（ああ！　あの秋は雨ばかりで寂しかった）、近所のバルでコーヒーを立ち飲みしていると、もう夜遅かったが、一人の小柄な老婆がとなりへ来て、

「あなたは日本人ですか」と問う。そうです、と答えつつ見ると、町のあちらこちらでよく見かける種類の、貧しく孤独な老婆のようであった。彼女は、そのバルの中でゲタゲタ笑いながら大さわぎをしている老人グループをあごで示しながら、可愛らしい上品な声で、

「私はアルゼンチン人です。こんな騒々しいスペイン人なんかじゃありません」

と言った。一般にスペイン人は南米人を見下す。かつての盟主国《めいしゅ》のおごりであろう。老婆はそれの報復に出たのだった。彼女は、孤独な老人のしるしとも言うべき重そうな手さげ袋

をカウンターの上にずしりとのせて、立ったまましゃべり始めた。

「あなたはいい人らしいから、となりに失礼しますよ。私は日本人には思い出があるのです。私の母はアルゼンチン人で、世界初の女性新聞記者でした。私が小さいころ、母に連れられて日本に行きました。東京のホテル・インペリアル（帝国ホテル）に泊まりました。すばらしいホテルで、その地下の売店で私は母に赤いキモノを買ってもらいました。赤くてね、それはきれいでしたよ。それから船で、私たちはフランスへ行ったのです。船上で、少女の私は日本人の若い男の人二人と仲よくなり、それはそれは可愛がってもらいました。素晴らしい紳士方でした。一人はたしかバロン（男爵《だんしゃく》）で、ナベシマという名でした。もう一人は画家で、フジタという名でした」

私はそのときゾッと鳥肌《とりはだ》が立ち、耳を疑ったのを覚えている。まさかこの老婆が、寂しい日本の若者である私をだますはずもあるまい。フジタとはあの藤田嗣治《つぐはる》ではないか？　ナベシマは佐賀の鍋島《なべしま》か。私はただあきれてこの老婆の顔を見つめて、彼女の中を過ぎ去った時間と現在との不思議に溜息をついた。

やがて彼女は帰ると言うので、私がその重い手さげを持とうとすると、中からもう固くなった古いパンがゴロゴロと二つ転がり出た。

彼女の住居である貧しい養老院の狭い暗い扉の前まで送って、私たちは別れた。夜道を一人で歩きながら、私は幼い彼女の赤いキモノのことを考えた。

それきり彼女には会っていない。名前を教え合ったと思うのだが、覚えていない。

義兄弟

ある晩、マドリードの場末の、カンテ（フラメンコの唄）専門の地下クラブで、渋いじいさんのカンテを聞いていたときのこと。客たちは歌い手と伴奏のギタリストを囲んでぎっしり座っていたのだが、歌っているじいさんのすぐ後ろの席に、何やらガラの悪い真ッ黒顔のヒターノの三人組がおり、キャラメルの紙をわざとガサガサいわせたり、となりをつついてヒヒヒと笑ったりして、まじめな聴衆のひんしゅくを買っていた。歌い手のじいさんはとうとうたまらず、後ろを振り返って彼らを指さしてみなに言った。

「みなさん、今ここにおられるのは、かのアグヘタ一家の方々です。少し歌っていただきましょう」

妙な展開になってきたなァと思って見ていると、まず三人の中でも特に色黒の、どうした

のというくらい色の黒い、背の低い中年男がクックッと笑いながら、じいさんと席を代わって歌いだした。それを聞いて私は目をむいたのである。

じいさんのカンテよりずっと泥臭い、音程もはずれたような代物だったが、何か長い長い間私の心の隅で常に鳴っていた古い声が姿を得て眼前に現れたような気がしたのだった。

あとの二人も歌ったが、それもよかった。その夜一番よかった背の低い男に、私はモリレス（コルドバ県のシェリー酒）のびんを持って近づき、だまって彼の杯《はい》を満たした。すると、男は黒光りしながら笑い、安背広の内ポケットからカセットテープを一本出して私にくれた。

それは彼のカンテが入ったやつだった。ホアン・デ・ロス・サントス〝ゴルド・アグヘタ〟とあった。あとの二人はその弟と従弟《いとこ》であった。約二十年前の話だ。

それから、南のアンダルシアに住む彼らファミリーとの行き来が始まったのだが、そうして数年たったある日、ホアンからマドリードへ電話があった。何しろ、字はやっと書ける程度、上京してくれば初めて見るエスカレーターに、私にしがみついてジャンプして飛び乗るという、田舎のスーパーマンぶりである。ふだんはヒターノ父子相伝の鍛冶屋、時おり旦那衆やフェスティバルに招《よ》ばれて、これも父子相伝のカンテを歌う。私が電話に出ると彼は受話器に向かって叫んだ。

「シヤキー！　次女のローリーに娘が生まれた！　パドリーノになってくれえ」

パドリーノとは名付け親のことである。ゴッドファーザーである。

「よーし」

あとで友人にきくと、パドリーノとはなかなか大変な役らしい。まず洗礼の式に出席して、何がしかの寄付を教会にせねばならない。毎年洗礼の記念日にはアイハーダ（名付け子）にプレゼントをせねばならない。そして、保護者が万一の不幸のおりにはその子の面倒を見ねばならない。うーむ、と私はあとになって唸ったが、ええいままよ、と。

無宗教の私が背広にカビ臭いネクタイをつけ贋カトリック信者になりすまして、紺碧《こんぺき》のカディス湾に浮かぶ田舎町、白壁のロタへ出かけた。私が着くやいなや、ホアンの一家十数人でゾロゾロと近所の教会へ。派手な遊び人ふうの柄シャツを着た初老の神父が迎えてくれた。ちょっと待ってねと神父が控室へ引っこむとホアンがささやいた。「奴ァ男色家だぞ。しかしいい奴で、金がないとき助けてくれる」

神父は柄シャツの上からペロリと白い法衣をかぶって早変わりをして出てきた。教会内を裸足《はだし》で走り回るホアンの子らに、「こらァ！　静かにしねえと洗礼してやんねえぞ」とどなると、ホアンもそれに唱和した。「静かにしろい！　洗礼してもらえねえぞ」

子どもたちが神妙になったすきをぬうように、ハゲで親切な神父は赤子の頭にジャブジャブと水を注ぎ、私がカメラを向けるとそのままこちらを見て華やかにほほえんでポーズをとった。

「わざわざマドリードからおいでいただいたパドリーノ」の私は、千五百ペセタ（当時、約二千円）を寄付して、ホアンとは、つまり、義兄弟の間柄となったのである。

gorda

月と六ペセタ

アトリエの下の道から誰かが私を呼んだ。あの声はミゲルだ。バルコンから顔を出して手を振ると上がってきた。いつもの感じ、で入ってきたミゲルだが、三年ぶりぐらいだった。白い安物の背広上下を着ていた。

ミゲルはヒターノのアグヘタ一族の歌い手で、私の義兄弟のホアンとは従兄弟《いとこ》どうしである。私が初めてホアンと出会った夜にもいっしょにいた。レコードなども出しているが、地味で土着的な「カンテ・ホンド」と言われる歌なので、それだけでは生活できない。で、彼は中古タイプライターやコピー機の売買をしている。字を読めない彼がタイプライターを修理して売るのだ。一時は羽振りがよくて、当然のように白い大きなベンツに妻子を乗せて遊びに来た。

あるとき、彼の貧しい従兄の一人がアンダルシアからマドリードへ出てきて、ライブハウスで、素晴らしく深いカンテを歌った。それを聞いたミゲルは酒場の隅で、「ちくしょう、オレはいま小金を持ってるが、もうフラメンコでも何でもねえ」と嘆いた。

それきりミゲルは私の前にもファミリーの前にも姿を見せなくなったのだ。だが、そのままミゲルが億万長者になるなんて誰も思わなかったので、みな放っておいたのだった。

案の定、二、三年するとミゲルは再び文無し、つまり〝フラメンコ〟となって現れた。

「今はアンダルシアの野原に住んでるよ。家を作ったのさ。土地は国のもんだが住んじまえばこっちのもんだ。知らなかったのか、カカカ。明日金が入るんだ。計算してくれ、コピー機が一個二万五千だ。それが十二個売れるんだ。いくらだ」

「うーん、えーと、三十万ペセタだ」

「そうだろ。合ってるよ」

金額を誇示するためにわざわざ計算させたのだ。

ミゲルはさらに追いかけるように、

「どうだ、この背広いいだろ。おまえにぴったりだ。ちょっと着てみな」

と言う。着てみると少しきつい。「きついな」と言っているのに、

「おおぴったりだぴったりだ」と、ミゲルはほめ、明日金が入ったら背広はおまえにやる、と言う。

だが、当地では「明日入る金は今日はない」のである。

つまり、今日は文無しだから金を貸せ、というサインなのだった。……背広はともかく、三年ぶりの再会で私たちはうれしかったので、近所のシェリー酒場で祝杯を上げた。

私たちがわァわァゲラゲラと楽しそうなので、横で飲んでいたヒッピーふうというのか、古革《ふるがわ》のズボンに破れ革のチョッキに汚い革の帽子の、全身革ずくめのヘンな若者が加わってきた。彼もセビージャ生まれのアンダルシア人だという。どんどんいこう！　と若者は叫び、ちょっとノリがフラメンコふうではなかったが、彼が全部おごるというので、私たちは信用して彼についてタクシーに乗り、ロックのライブハウスの最前列でビールを飲んだ。私はけっこうロックもいいなと思ったが、ミゲルは耳鳴りがすると言った。それからまたタクシーに乗り、ディスコへ向かった。若者がタクシーの運転手にいっしょに行こうと誘うと運転手も仕事を放り出してついてきた。ハメルンの笛吹き男みたいな奴だ。

ディスコへ入ると客は五、六人しかいなかった。だが、黒いドレスからのぞく背中のラインのすごくきれいな若い女がいた。目が合うとニコッと笑ったので近寄って、

「失礼。私の知る限りあなたは世界で二番目にエレガントな女性です」

と言った。すると彼女は緑色の瞳《ひとみ》を大きく見張って、

「ありがとう。でも一番は誰？」

「まだ会ったことがありません」

彼女は笑みを含んだ緑の瞳を私から離さぬまま、ゆっくりとカウンターのカーブにそって

回り、危険を感じた彼氏に腕をとられて、出ていった。私は幸福を感じ、ここの勘定を持った。

結局寝ずにさわいで朝になった。革服の若者は、タクシーの運転手に妻子はあるかとたずね、運転手があると答えると、それじゃと言って一万ペセタ（ほぼ同円）をあげた。運転手と別れると、若者は車が欲しいなと言い、みなで中古車屋へ行った。古い大きな二百六十万ペセタのベンツを若者は買い、小切手で払った。若者は大金持ちだったのだ。どうしてかはわからない。

ミゲルは、そのベンツはいい車だが、色が玉にキズだと言った。カーキ色が治安警察を思わせると言うのだった。

家庭的

私が家庭的な夫である証拠に、第二番目の子が生まれた。また女（というとお叱りの向きもあるかもしれないが）の子だ。

ある夜、五歳になる長女が、妻のおなかの中の九カ月余の赤ちゃんに話しかけていた。そうしたらおなかの中で赤ん坊が暴れた。しばらくたつとおなかの奥でプツンと音がして、温かい水が出てきた。破水《はすい》をしたのである。かねてより連絡をしてあった近所の友人ロシィに電話をしてその亭主のヘススに車を回してもらい、病院に連れていってもらった。そして六時間の後、次女が無事生まれたそうだ。

……たそうだ、というのは、実は私は用事でちょうど留守だったのである。いや実は、用事がすんでちょっと一杯やっているうちに朝の五時になってしまったのである。どうも書き

かたがまずいせいで弁解じみて聞こえるかもわからないが、その用事は家のあるマドリードではなく、アンダルシア地方のロンダという美しい町での用事であった。友人のペペたちとあちこちハシゴ酒をしてホテルによろめき帰ると、果たして、妻入院すの報《ほう》が待っていたのである。ペペは責任を感じていっぺんに酔いが覚めてしまったらしいのが、私の酔眼《すいがん》でもわかった。私は落ち着いて病院の番号をダイヤルしたが、出てきたのはなぜかしばらく会っていない友人の女房だったりした。朝の五時に久闊《きゅうかつ》を叙《じょ》されてもこまったろう。やっと病院につながると、まだ生まれていないが順調です安心なさいとの看護婦さんの言葉であった。ペペはそれを聞いて酔いを取りもどし、車を運転して帰った。絶壁の上の空中都市ロンダは、五十年ぶりの暴風雨に見舞われていた。私は妙に興奮して、イタリア製のシャツを脱いで、窓から荒れ狂う風雨の闇に向かって投げた。

目覚めると青空だった。庭へ出てゆうべ投げたシャツを拾った。そのころには、すでに子は生まれていた。

急ぎマドリードの誰もいないわが家（長女はロシィの家に預けられていた）にもどってみると、妻は破水しながらも案外落ち着いていたらしく、ちゃんとガスの元栓も電気も切れていて、寝室のベッドも長女の小さなベッドもきちんと整っていた。寝室のドアの把手《とって》をふと見ると、どこから出したのか日本のお守りが下がっている。妻はそれをちゃんとドアにかけてから病院に行ったのである。私は、酔っていたとはいえあわてて電話番号をまちがえたりしたのであったが、妻はなかなかに冷静だったらしい。私は妻を見直した。

ロンダ・五十年目の風雨

病院へ行くと、おむつやら何やらが必要だというのでまた家にもどった。エレベーターのところでお向かいのオールドミス（失礼）に出会った。あいさつに、生まれましたよと言うと、まあ、男の子？　女の子？　女の子です。まァおめでとう！　ありがとう……。

勝手知らぬわが家のあちこちを泥棒のようにさがし回って、妻指定の諸物を大袋に詰めて、さて出かけようとドアのところへ寄ると、踊り場でお向かい二軒の奥さんどうしが声高におしゃべりしているのが聞こえた。何となくたじろいだ私はドアののぞき穴からようすをうかがいつつ、井戸端ならぬ踊り場会議の終わるのを待った。そうとは知らぬ二人、左は常にガウン姿（下町のおカミさん風俗）、右は先のハイ・ミス（これならいいのかな）の母である老婦人。娘から聞いたのだろう、さっそくしゃべっている。

「あちら赤ちゃん生まれたんですって」「あら！」「こーんなに小っちゃいんですってよ」（私はそんなこと言ってない）「まあ」「旦那さんは親切で（たった一度ゴミ捨てを手伝いました）とてもいい方よ。でもね、（と急に声を落とし）ゴニョゴニョゴニョ……なんですってよお」「へええ」

みなさん、この老婦人が何をささやいたのかわかりますか？

私にはわかりません。やれやれ。

娘の教育

娘の通っている小学校の場所さえ知らぬ父が、こうして〝教育〟について書くとは片腹痛《かたはらいた》いわい、と妻は笑うのである。

娘の学校は比較的近所らしい。この学校はカトリック系の私立なのだが政府の援助があるので無料である。公立の学校は先生方にやる気がなくてストライキがやたら多くて休みばかりでダメだ、という近所の母たちの意見に妻が従ったのだ。タダならいいやと私は言ったまでだ。

むかしスペインの貴族の子弟はよく誘拐された。で、保護者が学校の送り迎えをするようになったのをまねて庶民らが隣人に負けてはならじと、それをする。かくて校門前は、一日四回の登下校時、ＰＴＡでにぎわう。一日四回というのは、昼食を家でとるためだ。

近所のグループが交替で送り迎えすればいいのに、と思うが、母はわが子のためにのみ存在するのがスペインである。子を放っておいてほかに何をするのか、ということらしい。娘も一日二往復バスに乗って通っており、妻は停留所まで送迎する。私もたまにやるが、母たちに混ざって立つのは苦痛である。

学校が休みの土曜日に、娘は郊外にある日本語補習校に、妻と行く。文部省のやっている日本人学校を借りて、現地校に通う子を持つ親たちが作った学校だ。算数と国語のみを教える。あくまで補習である。

算数は、スペインのやりかたと日本のそれとが違うらしく、娘はときどきこまっている。たとえば、十引く七、をスペインでは八、九、十と不足分を足して十になるまでの数をかぞえるのである。何だか原始的な感じがする。日本では、十引く七は三と決まっているのに。

スペインの子どもたちというのは、大変に元気のよいもので、先生が何かをたずねると、わかってもわからなくてもハイハイと手を挙げて、前方へ走り出るそうだ。それではとても授業にならないではないか、と思うが、その通り、授業にならないらしい。

そんな中で娘はオールAの通信簿を持ってくるが、あまりあてにならない。それでも近所の子のを見ると、BやCがあったり、落第をしたりするので、娘は成績がいいらしい、と近所の人々や、何も知らぬ日本の縁者に吹聴《ふいちょう》している。

娘はつまり週に五日はスペインの学校に通い、一日だけ日本人の学校に行く。家の中ではほとんど日本語のみである。こういう環境だと、バイリンガルになる。しかし放っておくと、

もう日を追ってスペイン語のほうが優勢となってしまう。今でさえ、どちらかというとスペイン語のほうがよくわかる、と娘は言っている。五歳違いの次女との遊びやケンカは、ほとんどスペイン語でなされている。親たちは執拗《しつよう》に日本語で通している。

以前、日本人の夫婦に子が生まれると、親は自分たちの語学力に自信がないものだから、あせって子にスペイン語を教えたりなどしていた。このごろでは、それが愚行《ぐこう》だと当地では周知のことになってきたので、あまり見かけない。

子は親が案ずるよりはるかに賢《かしこ》いもので、もし子が親より賢くないなら、今ごろ人類は犬猫のレベルまで退化しているはずだ。愚かな親が賢い子の教育に密着している日本は、子を退化させているのである。

とはいえ、やはり日本語はきちんと教えないとあやふやになってきてしまう。むかし、家の中でも努めてスペイン語で子育てをしたある日本人夫婦の子は、今やりっぱなスペインの若者だが、残念ながら日本語はアワワの三太郎である。

だから、日本語だけはしっかり教えてくれよ、と私はちゃんと妻に頼んでいる。わが家のしつけは純日本ふうで、スペイン人が何と笑おうが家の中では靴を脱ぐ。私がテーブルに足をのせて食事をすると娘がまねをするが、私はいつも厳しく叱る。

たまには絵の話

日本でも公開されたと思うが、ビクトル・エリセ監督の『マルメロの陽光』という映画を見た。マドリードのソフィア王妃芸術センターで、その映画の主人公である画家のアントニオ・ロペス・ガルシア回顧展が開かれていて、その一部として上映されていたのである。

この回顧展は、実はもっと早く実現されるはずだったが、ソフィア王妃芸術センターの新収蔵作品に現代の「レアリスム」作品が一点もないことにアントニオ・ロペス・ガルシア氏が抗議をして、「それじゃ、あたしもやめましょう」とへそを曲げたので延期されたのである。

アントニオ・ロペス・ガルシアは、現代の「レアリスム」を代表する画家で、その寡《か》作《さく》なことでも知られている。私はいわゆる〝写真のような〟レアリスムの絵にはあまり関心はないのだが、アントニオ・ロペス・ガルシアの作品には何か単なる〝写真のような絵〟以上のものを感じることがあって、ほかの絵のように〇・五秒で見捨てるわけにいかないようなので、それはなぜなのだろう、と考えることがある。

それはつまり、ふつうの「レアリスム」の画家は、〝あたかも本物のように見える絵〟の完成のために努力をするのだが――つまり主人公は絵のほうなのだが――、ロペス・ガルシアの場合は、〝物をあるがままに見つめる自分〟が主人公なのである。だから前者の作品は完璧と言いたいまでに完成され尽くしただまし絵として死んでいる印象なのに、後者は、同じく完璧で静謐《せいひつ》な印象ながら、それを見つめる人間の眼――ずいぶんと冷静なものには違いないが――を感じるのである。

それに、実際に何度かマドリードの市中で大きなイーゼルを立てて描いている氏を見かけたこともあるので（たいていは早朝で、当方は徹夜で飲んでの朝帰りの途中であった）、そのドキュメンタリー映画を興味深く眺めたのであった。

映画によれば、私の想像通り、ロペス・ガルシア氏は、マドリードの昔ながらの画学生臭さを残した頑固者らしい人だった。美術学校時代の友人との会話でも、ミケランジェロを論じつつ、友人の意見を聞いてはいても、常に首は横に小さく振られている。これは単なる癖とはいえ、常にNO！　と言うスペインの頑固な農民の癖なのである。一方、庭のまるめろ（かりん）の木を写生しているときの、楽しそうな真剣さ。これこそ、画学生のものである。画学生時代から何十年も、唯一、画布の前こそがくつろぎと楽しみの場だったに違いない。

そこでは画家は、不安も絶望もない。画布との対話により、「仕事」の中にあって、世間のいやな雑事からも守られている。思えば今日、さまざまな表現形式、素材、思想、方法論を求めて心も千々《ちぢ》に巷を馳せ回る〝現代美術〟に、この幸福が失われて久しい。かつて画家は、画布とモチーフとの対話の中に、全宇宙を見出すことも可能だったのだ。

映画の中のロペス氏は、まさにそんな明るさの中にいた。描きながら歌を、それもフラメンコの唄（カンテ）を口ずさみさえしていた。ラジオで音楽やニュースを聞きさえしていた。友人とおしゃべりもしていたし、友人と合唱さえもした。何日もかけて描くのでまるめろの実が育ってしまえば、それにつれていつも少しずつ描き直した。

映画の終わり近く三十分余は、まったくの蛇足《だそく》で、映画監督のエゴイズムの表出にすぎなかったけれど、それを除けば、画家の仕事をああいう形で捉え得たのは大きなお手柄だと思う。美術愛好家にはぜひ見てほしい。ただし、日本のテレビの美術番組みたいに、〝半生の画業〟式に見ないこと。人生？　画業？　そんなものは全部嘘だ。絵はただ「その時」だけのものだっていうことを、よく見てほしい。あなたの耳よりも、目を開けて。

お家芸

買物に行きたくない。市場に行くと八百屋も肉屋も魚屋もそれぞれ何軒も並んでいて、どこで買っていいのかわからない。主婦方がたくさんいて、その間に立って歯を食いしばって順番を待っていると、やがてスペイン人のお家芸である割り込みが生じて誰かれとなく言い争いとなる。それを見ているともう何もかも放擲《ほうてき》して家に帰りたくなる。妻子が一時帰国して私は今一人なのである。独身のころ、マドリードの市場でこうした〝生きていくことの大変さ〟を実感して、しゃがみこみそうになったことを思い出してしまった。

銀行は最も苦手とするところである。数字を書いてまちがわなかったためしがない。さんざん並んでやっと窓口の不機嫌な老嬢に小切手を出すと、右上に二百ペセタ、中央に二百五十ペセタとあってこれでは金が出せないという。道理である。それを書いたのは私自身であ

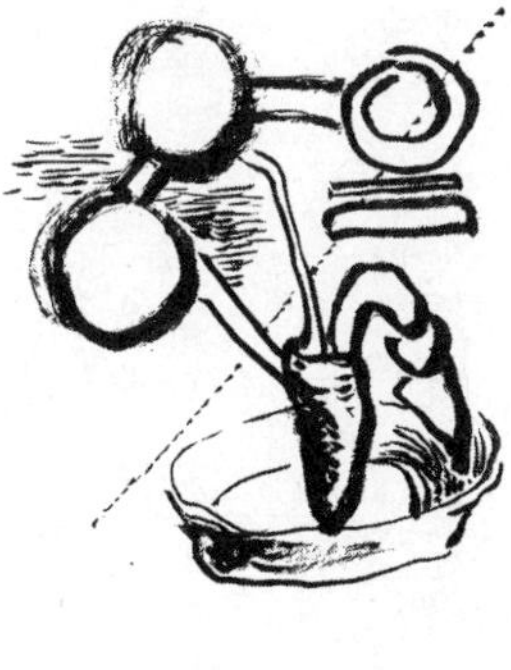

る。笑うハイエナのような老嬢の視線の中、私は小切手をめりめりと破いて出てきた。これで明日まで金はない。スペインのお家芸である字の読めない諸氏のように、世界一生意気なスペインの銀行員に小切手を代筆させればよかった。

人は死ぬまでに何回市場や銀行で並ばねばならないのだろう。それが生活というものなのか。嫌いではすまぬ何という恐ろしい苦行ではないか。

しかたなくポケットの小銭を頼りにバルに入ってビールを一杯飲み、もう一杯飲む。外に出て空を仰ぐと、何と金色の青空ではないか。あははは！　ああ愉快だ。角のパン屋で菓子パンを買って家で食おうっと。ビール二杯の幸せ。

生卵を茶碗に割って、菓子パンを浸して食べる。これにてタンパク質とデンプンの摂取ができて一仕事が終わった。食事とは、何という苦行であろう。

アトリエの台所の下水が漏るので近所の水道屋を頼んでおいたのがやっと来た。初老の男とその婿らしい二人である。流しの下のゴキブリの巣窟《そうくつ》にもぐりこんで躊躇《ちゅうちょ》なく壁をくずして鉛管を露出させて直してしまった。お家芸〝躊躇なし〟である。頼もしい。終わって試しに水を流してみるとだいたいよいのだが、管を指でさわると滴《しずく》がついてくる。それを言うと、婿のほうが、この管はもう四、五十年たっているのでこれ以上さわるとあちこち穴が開くからさわれない、とヤブ医者のような威厳で言った。お家芸〝言いくるめ〟である。「本格的に直すには、台所の隅を垂直に走っている共同下水管までの鉛管を全部壁から掘り出して取り替えるんだよ」と言う。私は世界中の不快を集めた気分になって、いくらかかるんだ、

ときくと一万五千だという。ちくしょうめ、やっちまってくれ、と言うとたちまちさらに壁をこわして、近所の倉庫から新しい鉛管をかついできてハメこんだ。終わって見ると、今までの鉛管はちゃんと壁の中を走っていたのにこれは一部が飛び出している。それを言うと婿が「これは安く上げるために再鋳造した鉛管なので、細かく曲げることができないのでしかたない」と言う。お家芸〝あと言い〟だ。お手前につごうの悪い条件は常にあとで言い足すのである。腹が立つより、情けなくなる。そして馬鹿なことに私はすぐ一万五千を払ってしまった。あとで試してみたら水が流れていかないのだ。彼らはもはや電話をかけてももどってこなかった。七日間毎朝夕電話しても、行きますと言って来なかった。お家芸〝空手形〟である。「来れば金を別途に払うよ」と言ったら翌朝一番で来た。お家芸〝現金〟である。

共同の垂直管が詰まっているので長い針金でつついたが通らない。婿がたった二回つついたあとで、「これは下まで全部詰まっているので大変だ」とタバコを喫《す》いながら首を振った。しかしすぐ下の家は、行ってきいてみると、スイスイ流れているのである。婿は「針金はじゅうぶん下の階まで届いているのに流れないのは全部詰まっている証拠で、下の階で流した水はみな上に昇ってくるのだ」とお家芸〝空論〟で言う。そんなこともあるかと思って、また私が下の階のおばさんにそれを言いに行くと、

「あんた、この世でそういうことが起きるかい？」

と言われた。そういえばそうだ。水は低きに流れると言う。また上へもどって初老のほう

に頼んでもう一度つついてもらうと、突然汚水が音を立てて流れ落ちた。それを見て婿は軽く肩をすくめた。二人は「あんたは運がよかったんだ」と言い言いしながら、その日の分の金を受け取って帰っていった。お家芸〝泥棒の恩着せ〟である。

地獄草子

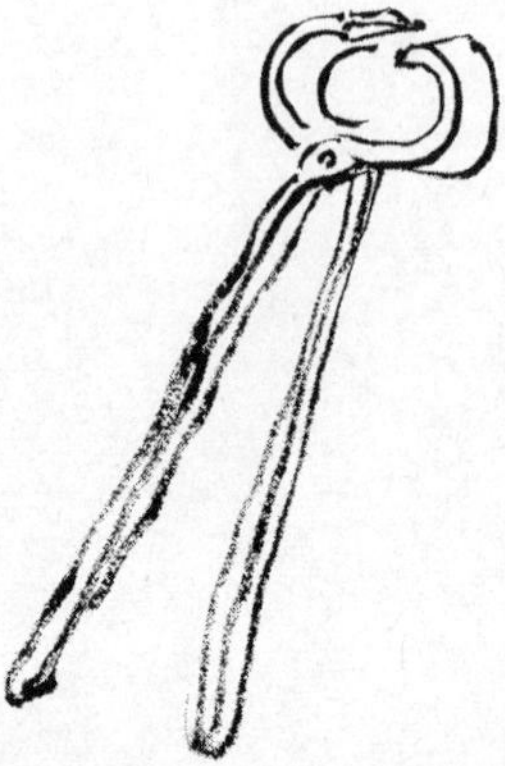

外国で病気になるのは心細いものだ。まして、スペインで医者にかかりたくはない、と私は常日ごろ念じているせいか、病気になったことはほとんどない。数は少ないが、以下はその実話である。

一度歯医者にかかったとき、女の先生だったが、歯茎をつっついてしまい出血がなかなか止まらなくなった。先生が両手を広げて「ああどうしよう」とつぶやいたとき、異国で口を開けたままの私は絶望した。

妻が急な腹痛に襲われた冬の夜、救急病院へ運んだ。当直の若い男の医者は妻を半裸《はんら》にして冷たい診察台に寝かせ、さておもむろに本棚から医学書を出して机に向かって読み始めたので、私は妻を連れて静かに逃げ出した。

また別のおり、腹痛を起こした妻を別の救急病院へ運んだ。そこは新しい大病院で、カーブしたしゃれた廊下に瀕死《ひんし》の患者たちがベッドやソファに収容しきれず、みな床に直接横たわっていた。おやこれは地獄草子の絵巻のありさまにそっくりだわい、と私は思った。

そこへ阿弥陀如来《あみだにょらい》ならぬ白衣の若い先生が巡ってくるのだが、彼の仕事はウンウン唸っている患者の住所氏名を聞き書きすることだった。意識もなく床にのびている老人の耳元で「お名前は！」と叫んで返事がないと次へ行くのであった。一時間もすると別の白衣の如来が巡ってきて、前の如来とまったく同じことをして、去っていった。スペイン人というのはまことに忍耐強く、こういう地獄にだまって耐えること亡者《もうじゃ》の如しだ。

二時間余ののち、やっと妻は大仰なレントゲン装置の上にいたが、もう腹痛はあらかたおさまってしまっていた。南無八幡《なむはちまん》。

あるとき、日本人の友人が血を吐いて病院にかつぎこまれた。見舞いに行って医者に問うと、なに軽い胃潰瘍《いかいよう》です心配ありません、と言った。でも以前から変なセキをしてましたよ、と言うとそれはタバコの吸いすぎでしょう、と笑った。でも念のため検査してください、と頼んで帰り、翌日行ったら、検査の結果重症の肺結核だとわかり、たちまち隔離されてしまった（その後彼は帰国し、全快した）。

以前、スペインを旅行中の面識のない日本人から電話があり、泊まっているペンションで腹痛を起こしたので救急車を呼んでもらったところ、翌朝気がついたら病院のベッドの上で、腹を二十センチも切られておったんですわ、と言う。たまたま知人の知人である私の電話番号を万一のために持っていたのである。駆けつけて担当の女の先生にきくと、胃潰瘍で穴が開きかけていた、という。命拾いしました、と彼は言うので、よかったですねえ、と私は首をかしげながら言ったのである（その後彼は日本で元気だ）。

スペイン人の友人が、首のできものを取るのに入院し、退院が延びた。手術あとが化膿《かのう》したのである。

うちの隣人のハイ・ミスの娘さん（四十歳）は、子宮筋腫《きんしゅ》で手術し、やはり退院が延びた。これも傷口が化膿したのである。手術なんかするんじゃなかった、と泣いている由。スペインでは消毒がいい加減で、よく手術あとが化膿する（新聞でも問題となった）。

私のアトリエの大家の老婆（本書「愛は惜しみなく奪う」に登場する）が、白内障の手術をした。あれからひと月たつが字なんか判別できないし、前よりよっぽど悪い、片目ずつにすればよかった、どこそこの婆さんは片目ずつやって、やったほうは前より悪くなったがそれでも片ッぽうは救われているのさ、と宙をにらむようにして言うのである。

スペインでは、となりの歯をまちがって抜かれたぐらいでは誰も同情してくれないが、友人の叔母さんがまちがってとなりの目を手術されたときは、さすがに裁判ざたになったそうだ。新聞にも載ったんだぞ、と友人は得意げに言った。

私はアストゥリアスの山中で冬、凍った道路から車ごと川に落ちてフロントガラスで顔面を切った。運転していた友人（医者）は無傷であった。彼の仲間の隣村の医者に縫ってもらったとき、手術台に仰向けになった私の顔面にハラハラ落ちてくるのはくわえタバコの灰で

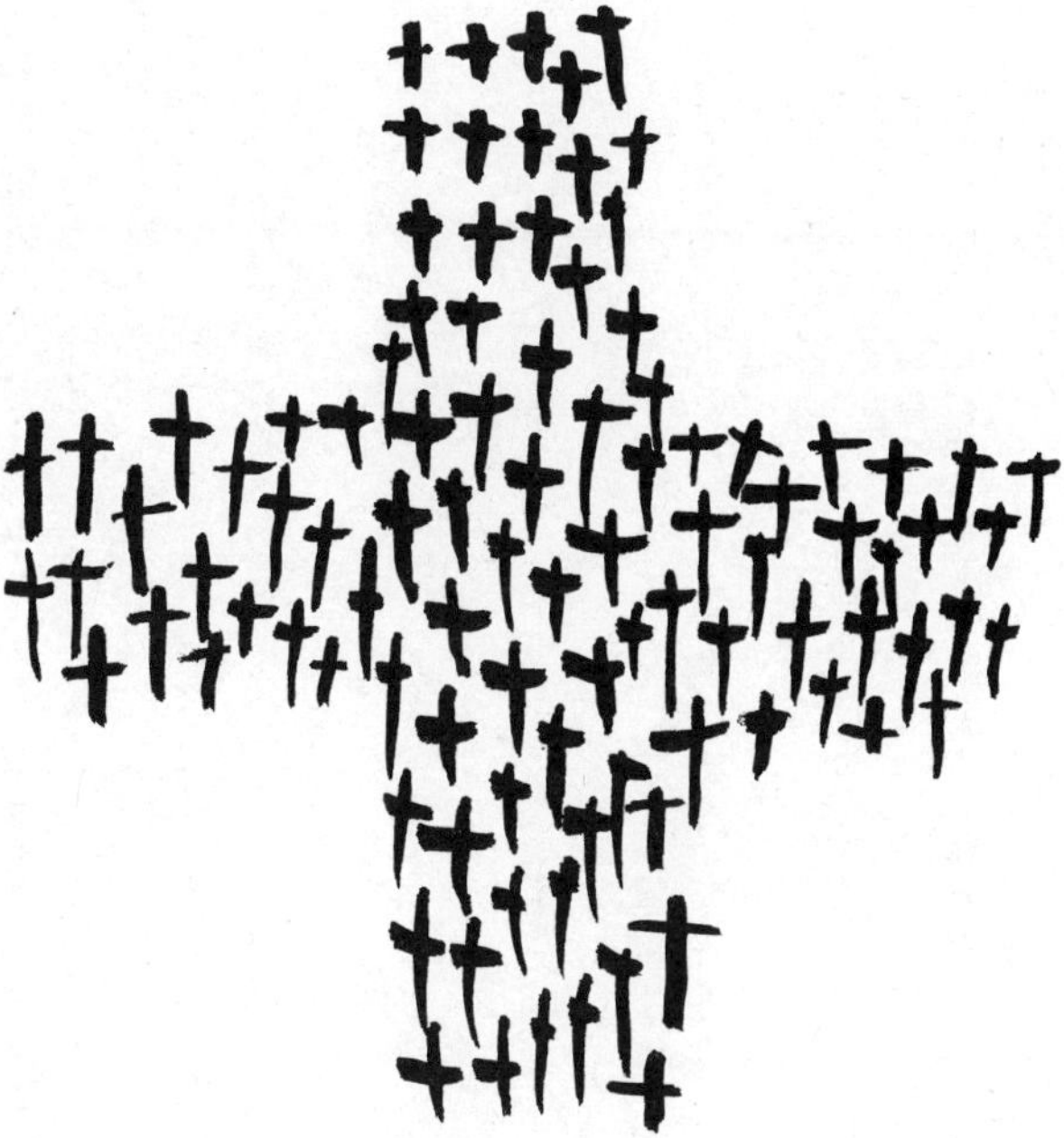

あった。床に落ちた注射針は、さっきまで飲んでいたウイスキーでちゃんと消毒してから使った。

うう、ここまで書いて気持悪くなってきた。

何でもない！

スペイン人が、青筋立てて叫ぶ言葉というと、バカヤロー！　でもないし、原発反対！でもない。
それは、「何でもない！」というひとことである。「ノーパサナダ！」という。
私はマドリード郊外に住んでいて、毎日バスで市内のアトリエに通うのだが、そのバスの運転手たちが、なかなかどうしてちゃらんぽらんである。後ろの降車口を開けっ放しにして疾走したり、道をまちがえたり。
オリンピックと万博の九二年以来、さすがになくなったが、運転手が一杯機嫌で、テープに入った自分の故郷の讃歌、パソドブレという勇ましいバンド演奏のものだが、それをくり返し鳴らしては、すぐ横に立った女性客に歌いかける、なんていうのもあった。

のりつけのバスに、肝臓でも悪いのかいつも怒っているやせた運転手がいる。子ども連れの客に、子ども料金で乗るなら六歳以下の証明書を見せろなどと言って、しょっちゅう客とつまらぬことでもめている不幸な男である。スペイン人は、こうして一方向へ傾くととどまるところを知らず突進するところがある。ドン・キホーテだ。さもなくば闘牛の牛。

さて、この不幸な青筋の中年運転手のバスに乗っていたある日、停留所近くで徐行したバスがするするすると前に止まっている別のバスに近づいていったのはよいが、止まらずにそのまま追突した。私は前方を見ていたので一瞬身を固くして前の席の背もたれに膝をつっかえたからよかったけれど、大方の乗客たちは床に転がったり、前の席に顔をぶつけたり。

わーとかきゃーとかいう声がいっとき車内を満たしたが、軽いショックだったので、みなすぐ立ち上がった。バスのフロントガラスを見ると、無傷だったらしくきれいに前が見える。と思ったらそうではなくて、ガラスは全部くずれて下に落ちて素通しとなっていたのだった。

と、不幸な運転手がすっくと席から立ち上がり、ざわざわとざわめく乗客たちに向かって、青白い顔をしてわめいた。

「何でもない！　何でもない！」

不思議の国スペイン。しかし、一人の老人客が叫んだ。

「何でもなくない！　おれは足を打った！　女房は顔を打った！」

となりで太った老女が顔を押さえてうずくまっている。なおも運転手は青筋立てて叫んで

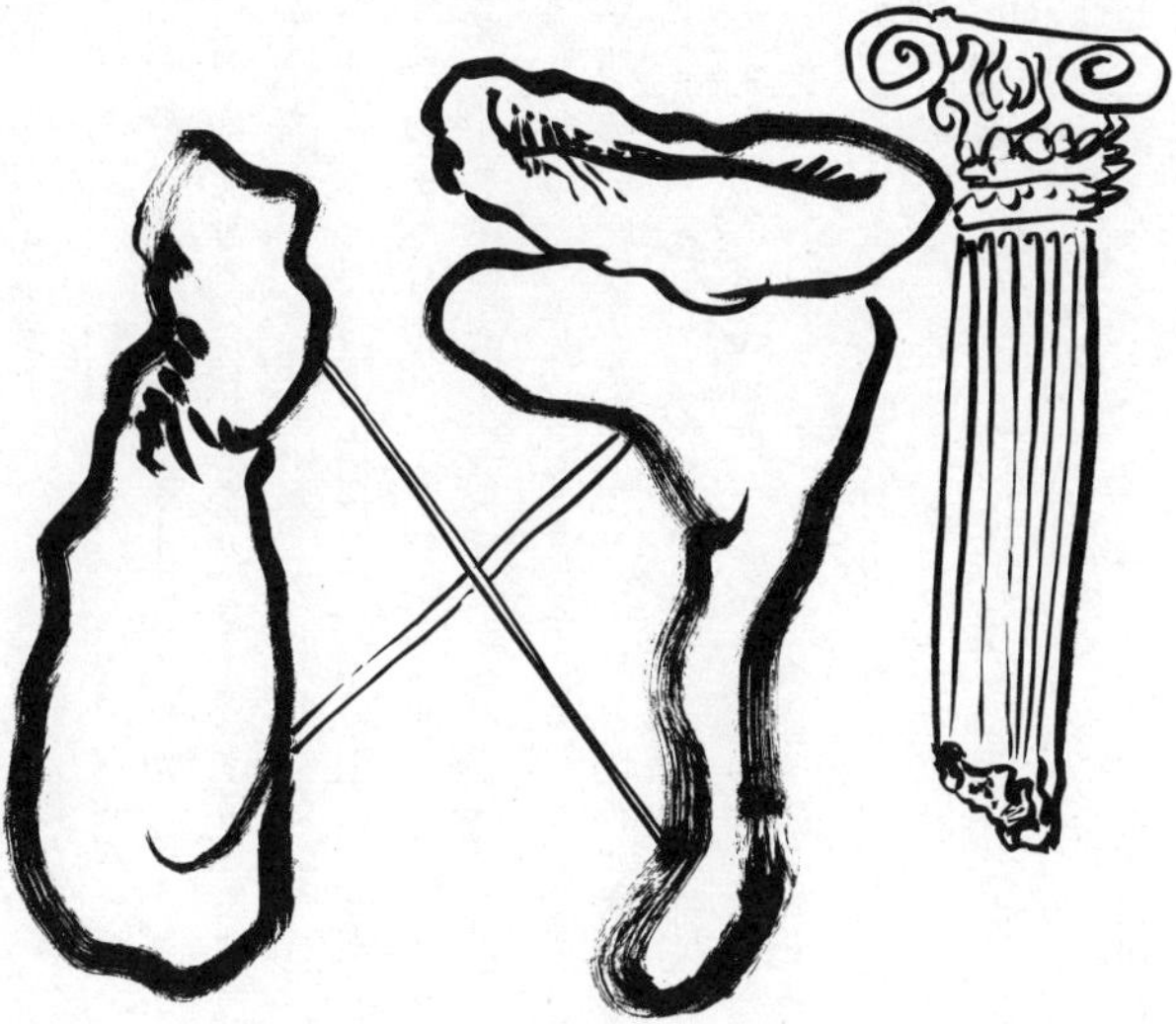

いる。「ノーパサナダ！　ノーパサナダ！」

一九八一年二月二十三日に、軍部のクーデター未遂事件があった。サラゴサを出発した戦車隊が、マドリードに着く前に計画は挫折したが、もしそれがもっと早く首都に着いていたら、再び内戦だったかもしれない、とも言われた。

そのとき、国会内へなだれこんだ一隊を指揮して銃を乱射し、拳銃を構えて議長席から国会議員たちに向けて号令したテヘロ中佐のセリフが、一世の流行語となった。

「アキ・ノーパサナダ！　トドス・アル・スエロ！」（「何でもない！　みんな床に伏せろ！」）

やがて首謀者たちが捕まり、庶民が胸をなでおろしたその夜、若者たちが手拍子をたたいて、リズミカルに町じゅうをハネ回ったのは、このセリフを四拍子で歌いながらであった。

「アキ・ノ・パサ・ナダ！　アキ・ノ・パサ・ナダ！　トードス・アル・スエロ！」（丸印にアクセント）

名闘牛士パキーリが、先年、コルドバ県の村ポソ・ブランコの闘牛場で牛に刺され、病院へ運ばれる途中、出血多量で死んだ。

そのときも、やはり、周囲の人々に、「ノーパサナダ」と気丈なところを見せていたという。

スペイン人がこのセリフを言うときは、何のことはない、絶体絶命のときらしいのだ。私は、日本人だからそういう言いかたはしない。え？　お金？　ハハハたくさんありますよ。ノーパサナダ。ハハハ。ノーパサナダ！

三分の理

一時帰国していた日本から、三カ月ぶりにマドリードにもどった。
空港に降り立って、歩いていると、ふふふ、いるいる。何がって、スペイン人が。胸張って、何がえらいのか知らないが、でかい鼻を旗のように立てて、のけぞって悠々と歩く親父どもがいるいる。
空港だからいくらか上品にしなくちゃね、というつもりがうかがわれるけど、それでもほかの国の人から見れば、いったいどうしたのかしらん、と思われるほどの大声と大仰なジェスチャーで、何事かを亭主に向かってまくしたてている婦人もいる。
いやァ、スペインだなァ。警視総監が何億もの公金を横領して、そのまま逃亡中だって。同じく、スペイン銀行総裁（日銀総裁ということ）が何億も横領して、今テレビをつけるとそのおっさんが出て、何やら手ぶりよろしく釈明しているところ。

何を言っているのか、さっぱりわからない。スペイン語だからというんじゃない。何億も横取りをした人の釈明なんて、いったい誰が理解できるものか。

こういうことを書くとさしさわりがあるかもしれないが、私には二十年ほどのスペイン生活を通じてどうしても言いたいひとことがあって、それは何かというと、

「スペイン人みな泥棒」

何年かスペインに住んだことのある人なら、ワハハ！と笑って、「その通り！」と言いたいところであろうが、ふつうに聞くと、この命題はあまりに強烈で、しかも誤解を招きやすい（当たり前か）。

そもそもこの文句は、スペイン人自身がよく口に出す。面白いのは、スペイン人というのは自分より金持ちの人間を見ると、まず反射的に、「こいつは泥棒だ」と心の底で思うらしいのだ。自分の分を横取りした結果こいつは金持ちなのだ、と思うらしい。そして、多額の金や富は、スペイン人にとっては〝悪〟そのものであるか、あるいは悪の結果なのである。

一方、スペイン人ほど自分自身を真善美の化身だと信じやすい国民はあるまい。つまり、自分は常に善であるから、目の前に今、こうして積まれてある他人の札束や金塊つまり〝悪の成果〟は、当然この自分（善人であり、しかも家族を愛し愛され、友人たちからは尊敬される正義の男）が、善処《ぜんしょ》せねばならない。早くそれをしないと、すぐ後ろにこれを悪用する他人（スペインにあっては、他人イコール悪人である）が来て、盗んでしまうだろう……。

この善良きわまりない身勝手な論理が、しかし不思議なことに、誰も見ている人がいないときに限って、めらめらと彼らの胸中に、殉教者《じゅんきょうしゃ》の熱情のごとくきざすのである。

この、他人から見れば「泥棒」にしか見えない〝善処〟の中に、スペイン五百年(それ以前はアラブの領土だったのだから、君たちスペイン人のせいじゃないのはわかっていると も!)の歴史と宗教がぎっしりと層をなして眺められるのである。それは砂金のように輝いている。

かつてのフランコ将軍の独裁時代より、今の民主主義国家スペインになってからのほうが、こうした横領や汚職が多い、という。

「そりゃそうさ、むかしは泥棒はたったの一人(フランコ)だったけど、今は民主主義で全員が泥棒ってわけさ」と、スペイン人は自嘲する。でも、そう言う当人が、ホラ、もうお釣りをごまかしている!

「このごろはひでえ時代だぜ。今日はとうとうニセ札をつかまされた」と夫が嘆く。妻が「どれだい、ちょっと見せてごらん」と言うと、夫は「さっきタバコを買うときに使っちまったよ」という小咄《こばなし》がある。

スペイン人を見ていると、しかし、どうやら、他人の成した悪の成果を自分が善処する(盗む)ということは、そんなに悪いことではないらしいのだ。世界中に悪いことはもっともっとある。人殺しをしたり、戦争をしたり、その戦争で金をもうけたり。

「それらのことは、『盗み』よりもはるかに悪い。それを『恥知らず』という。つまり人間

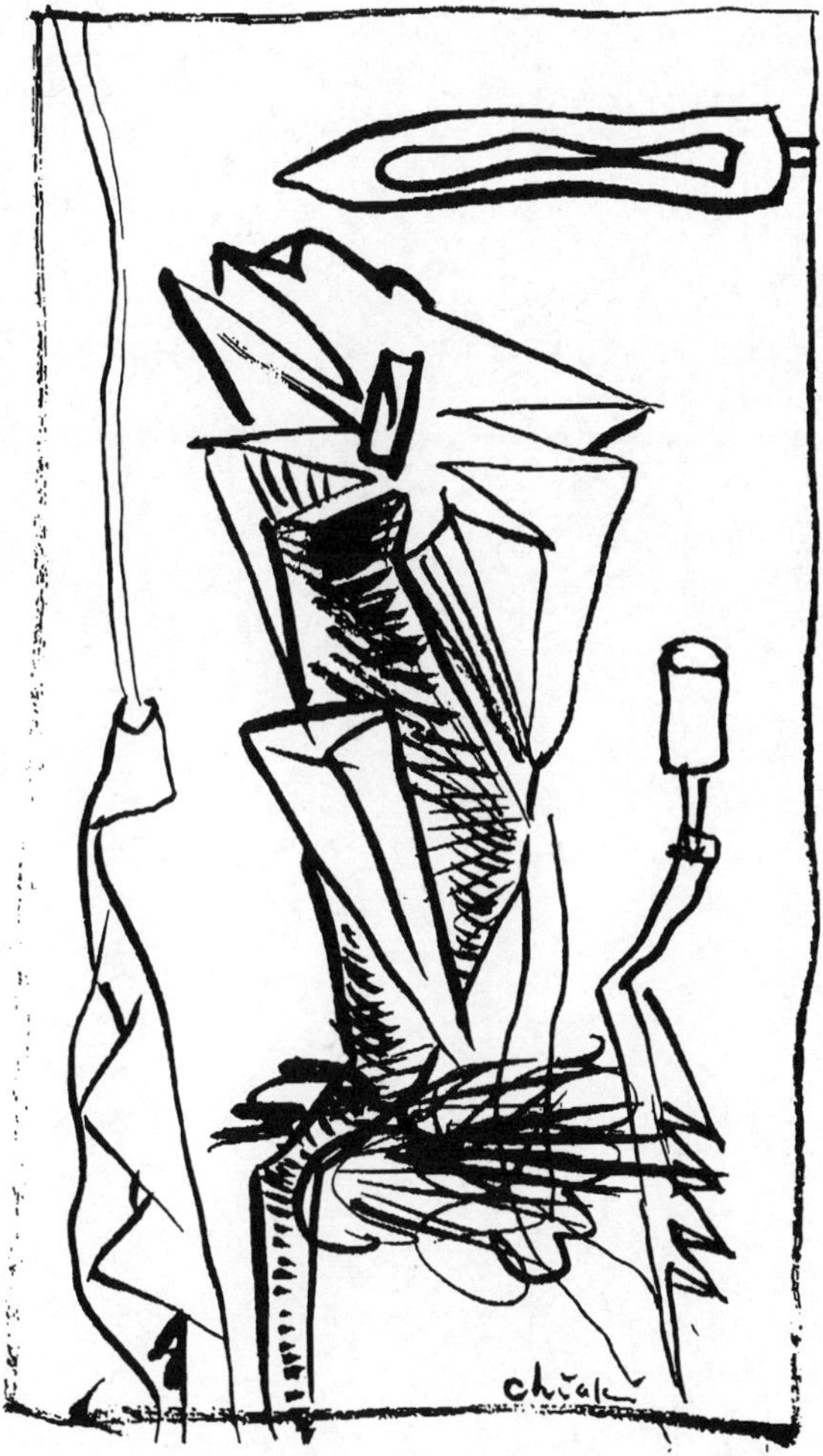

として最低のモラルの欠如だ。もちろん、それは奴らだ。おれじゃない」と彼らは胸を張って言うのである。

ヘレスの物語

フラメンコに関しては、私はいささかうるさい。むろん、私が二ツ三ツのカンテ（唄）をトイレで唄うのがうるさいという意味でない。今までこれについてあまり書かなかったのは、何しろいったん書きだしたらでろでろと止まらずに紙面を汚染してしまうであろうと思い、言わば日本の美風「自粛《じしゆく》」をしていたのである。しかし、このごろの日本を見ていると、自粛なんかしてだまっている間にとんでもない方向へ連れ去られるということがはっきりした。「自由」と「自粛」は相容《あいい》れないものだったのだ。

とにかくフラメンコと言うと誰しもあの「情熱的に踊り狂うカルメン」のイメージになってしまうのが、真髄にうるさい私には気に入らない。第一正しくない。カンツォーネもシャンソンも、その意味するものは「歌」であるのと同様、フラメンコもまずカンテなのだ。アンダルシアの田舎のおっさんがひなびた土臭い声で歌う民謡、というのがカンテであり、ふつうスペインで「フラメンコ」と言うとカンテのことだ。そして、粋《いき》で貧乏でいなせな生活態度のことだ。アンダルシアで、「ムイ・フラメンコ」（とてもフラメンコっぽい）というのは粋といなせを競う形容詞で、セビージャの人もコルドバの人もカディスの人も、各々自分の町こそがよりフラメンコだ、などと言ってさわぐ。しかし私が公正な偏見で見るところ、スペインで最もフラメンコな町はヘレスであろう。ヒターノの町。シェリー酒の故郷。ヘレス・デ・ラ・フロンテーラ。

アンダルシアの州都セビージャから電車で一時間ほど南下すると、ヘレスに着く。ところが、町はシーンと静まりかえって、明るい陽光に白壁が輝くばかり。いったいどこにフラメンコが……？

バラの花をくわえた踊りのカルメンが登場するような、あの〝フラメンコ〟はどこにあるのか？

そういうものはヘレスにない。

そういうものは、つまり観光客のイメージ通りのフラメンコは、セビージャやマドリードや東京のような都会にしかない。

ヘレスにあるのは、カンテである。

その裏町を夜遅く徘徊《はいかい》するならば、夏も冬も開け放たれた酒場の黄色い灯の下で、立ったままカウンターを拳《こぶし》でたたきダミ声を張り上げて唸っているおっさんたちを見かけるはずだ。

終わると「オレーッ！」などとかけ声をかけてガヤガヤと笑い合ううちに、また次なるおっさんが唸り始める。ギターはない。ゆっくりした唄、早い唄、さまざまな中にふと興ののったおっさんがコップ片手にくるりと回って見得を切ると（踊りといってもふつうこの程度のものだ）みなわッと笑う。楽しい。

こういう酒場にはふつう女性は入ってこない。近所のカミさんは、そっと戸のかげから手近な客に自分の亭主を呼んでもらう。するとその客は遠慮のない大声で、

「ペペェー！　カミさんだぞォ」

戸口まで出てきた亭主は「何だ」などとえらそうに言うが、女房が「いつまで遊んでんだ。明日は早いんだよ」と言うと、湯をかけられた菜ッ葉のようになって帰っていく。

さてしかし、週末などに気の合ったフラメンコ仲間が集まってフィエスタ（宴《うたげ》）となるともっと腰がすわってくる。男ばかりが数人から数十人。朝まで唄っても近所迷惑にならぬよう、扉は閉めてやる。または郊外の畑の中の料理屋、と言えば高級そうだが、むかしふうドライブ・イン。町内のギター自慢を伴奏に呼んで、日本の追分節みたいなカンテを延々唄い回していくのである。これがフラメンコである。

だから観光客が「フラメンコはどこ？」と徘徊しても、なかなかわからない。そんな扉の中には、ペーニャ（愛好会）というものがある。カウンターがあって飲みものやつまみが出て、壁にはずらり歴代の唄い手やギタリストたちの写真が並んでいたりする、会員制のバルである。たいてい小さな低い舞台があって、唄い手とギタリストが座るための椅子が二つ並

んでいる。

私の義兄弟のホアンの姪《めい》に、ドローレスがいる。三十四歳で五人の子の母。亭主をペドロという。彼らが二年がかりで、ペーニャを作っているというので、行ってみた。お金がないので少しずつ自分たちでレンガを積んだり、ペンキを塗ったり、大工仕事をやっている。ガレージのようなところが、それでもだいぶペーニャらしくなっていた。

ドローレスとは初めて会ったのだが、お互いに話には聞いているので、ちっとも初めてのような気がしない。やせてスラリとしたドローレスは、ヒターノらしい鋭い鼻と目をしている。小さな子どもたちはこちらの顔を見るなり、「チアキィ！　チアキィ！」と呼ぶ。十三歳の男の子に「これでビールを買ってこい」と、千ペセタをわたした。それを大人たちで飲んでいると、その子がギターを弾きだした。ソレアという曲。弾きながらじっとこちらを見ている。「唄いなよチアキ」とドローレスが言うと、その子は弦をいっそう強く鳴らして、唄を誘うようにした。で、ソレアを一つ唄った。一つ、というのは詞を一つだけ。みな、わあっといってよろこんだ。すると、四歳になる男の子が「おれもおれも」とさわいだので、十三歳の子がファンダンゴという曲を弾き、四歳の子が唄った。舌足らずで可愛い。ところどころ歌詞をドローレスに助けられながら終えるとその子が叫んだ。「おれはチアキに勝ったぞ。おれは四ツ唄ったのにチアキは一ツしか唄わなかった！」みなドッと笑った。

やがて、ドローレスがカンテ・ホンド（奥深い唄）のシギリージャを唄い、快速調のブレリアを唄った。すると四歳の子と六歳の男の子が、できたばかりのセメントの床を踏み鳴らして踊った。

やがて夜もふけたので帰ることにした。

貧しい彼らは、そのセメントの土間にマットレスを敷いて寝るのだと言う。そんなペーニャはもちろんほかにない。

鉄の扉を開けて外に出ると、あいかわらずの、ヘレスの静寂の闇があった。

ねじれる人

マジョール広場のそばで切手・コイン商を営むA氏は、いつも通り、近くのバルのカウンターでモストを頼んだ。モストとは醗酵《はっこう》前のワインのことである。甘くて、アルコール分はない。言わばブドウジュースだ。

「あれ？　何だかいつものと色が違うみたいだぜ」

とA氏は言った。ボーイは、

「あん、そりゃメーカーが違うだけだ。何でもない」

と答えた。A氏はそれをぐいと一気に飲み干した。焼けるような痛みが口と喉《のど》を襲い、A氏は気を失い、病院にかつぎこまれた。それはモストではなく、モストの空きびんに入れられた金属磨き用の強酸性の液体であった。ほかのボーイがたまたまそれを保管するために、モストの空きびんを使ったのである。

A氏は、口と食道と胃をヤケドし、声帯もやられて、ろくに声も出なくなって、そのバルを告訴した。

やっと退院してきたA氏が近所を歩いていると、そのバルの主人に出くわした。

「ちくしょう！　おまえはおれをめちゃくちゃにする気だな！」

と叫んだのは、A氏でない、バルの主人である。なぜかって？　知りませんよ、あたしゃスペイン人じゃない。

この話は、『エル・パイス』というスペインの大新聞の三面に載っていた。記事になるくらいだから、スペイン人自身もひどい話だと思っているのであろう。スペイン人の友人に話したら、やはり「その主人はひでえ野郎だ。しかし、そいつはとてもスペイン的だな」と笑った。

怒りや驚きや恐怖が、窮して圧力の高まった頭骸《ずがい》の中でぐちゃぐちゃにフットウして、主客が溶け合って、発作的につごうのいいほうに自分が乗り移るのだ。それも、よほどのパニック時にのみ起こるのならともかく、なかなかどうして日常的に起こっているのが、この不思議の国スペインなのだ。

それと、ボーイのひとこと、「メーカーが違うだけだ。何でもない」という言葉も変だ。ボーイはそもそも中身を確かめもしないで「何でもない」だの、まして「メーカーが違う」だのと安全を受け合ったりなどしているのはなぜなのか。

通行人に道をたずねると、知らないくせに悪気なくでたらめを教える、というスペイン人の有名な習性がある。ボーイの言葉は、この習性にもとづいている。知りもしないくせに主張する、のである。なぜそんなことを彼らはしがちなのか？　知りませんよ、あたしゃスペイン人じゃない。

しかし、このバルの主人のような反応は、私はしょっちゅうスペインでお目にかかっているから、何となくその心情がわかってきた。

つまり、圧倒的に相手に対して引け目や負い目を感じているときに、もうこれ以上の引け目や負い目はとてもこの小さな心に入りきらない、いい加減にしてくれ！　あるいは、もう勘弁してくれ！　助けてくれ！　という気持が、常々ガス漏れのように心中に充満しているところへ、ほんの小さな火花でも生じると、大爆発を起こすのである。

私のアトリエの上の階の住人は、不注意からしょっちゅう風呂場を洪水にしていた。その水が天井のしっくいにしみて、私の階に落ちてくる。だんだんしっくいがゆるんで天井が落ちる危険もあるから、私は洪水のたびに上へ行って抗議していた。何度目かのときに、また上へ行って文句を言った。「いい加減にしてくれ！」と叫んだのは——しかし、私ではない。上の階のハゲ頭であった。

バルの主人は、告訴された時点までにそのガスが充満しており、つまり、A氏にはすまない思いもあり、ドジでいい加減なボーイには怒りもあり、ほんのささいな不注意が惨事を招いたことのショックもあり、その小さな心はもう不幸感ではちきれんばかりになっていたのだ。そこへ、道でたまたま、哀れなA氏と出くわしたものだから、不幸ガスが一挙に爆発し、目玉はぐるぐる回って、主客転倒の妙境《みようきよう》となって、こいつがモストなんかを注文さえしなければ！　という思いが呪《のろ》いとなって火柱が立ち上がったものであろう。

スペイン名物、闘牛とは、そもそもそんな主客転倒の様式化といってよい。

牛は平和な原野の牧場からある日突然連れ去られる。暗闇に閉じこめられて、いきなり扉が開くとまぶしい闘牛場だ。怒ってやみくもに角を振り回しているうちにあちこちを槍だの銛《もり》だのに刺され、最後に長剣を刺されて死ぬ。何が何だかわからない。一方、観客のほうは、やれあの牛は闘志がない、いや勇猛だ、角を左へ振る癖があってよくない、いや口を結んだままで強い、右脚が弱い、いや後ろ脚が悪い、ダメな牛だ、いや素晴らしい牛だこれこそ牛の中の牛だ、等々、勝手なことを言う。そうして、血の泡吹いて息絶えた牛が、四頭のラバに引かれて退場するところを、拍手で見送ったり、口笛吹いて非難のブーイングで見送ったりするのだ。人間どもの勝手もいいところだ。牛の都合というものは一切、徹頭徹尾無視される。人間の都合と審美観のみを一方的に牛に押しつける。もともと人間と動物の関係は、そういった一方的なものでありがちだが、ふつう犬も猫も馬も羊も、それぞれに彼らの主張というようなものを、多少とも人間は顧慮《こりよ》するではないか。なのに牛に対してはあまりに一方的である。

いや、牛の都合は、実は、無視されているのではない。スペインの人間によって、主客転倒や主客合一の甘露をふりかけられて、人間のそれと同一化されてしまっているのである。

つまり人間にとってよい牛は、恐ろしい野生の黒牛でもないし、敵でもない。美しい、雄々しい、勇気ある、気高い「自分」なのである。強い牛は自分の美点の反映なのである。もちろんこっちの自分は、牛がいくら刺されても痛くもかゆくもない。牛の中に一瞬、自分の美しい反映を認めただけなのだから、牛がばたりと死んでしまえば、あーあと葉巻をくわえたまま伸びをするばかりである。

こういう便利で自分勝手で、自由にあっちへ行ったりこっちへ来たり、一瞬のうちに都合のよいほうへ乗り移る「自分」というものを、日常的に心の中に飼っておかないと、闘牛という、不思議な審美観によって支えられる「芸術」を理解したり、まして愛したりなど、とうていできないのである。

いったい、ヨーロッパの合理精神というようなものからはるかにへだたったこの精神とは何なのだろう。

スペイン人は、初めまっすぐなつもりで線を引く。それは道理や倫理や物理にもかなった直線である。しかし現実世界の誤った悪い事件が心を傷《いた》めたり道理を歪《ゆが》めたりする。すると、この正しい直線に外的な力が加わり、多少のズレが生ずる。しかし、彼はそれに気づかず、またたとえ気づいたとしてもそれは彼のせいではない、外部の悪いもののせいであるから、彼はひたすら彼の直線を引き続ける。彼はまことに正しいのである。しかし、悲しいかな、地球上の正しい直線とは、宇宙から見るとまさしく、らせん、なのである。

ロマネスクの教会に見られる、素朴《そぼく》で力強い直線的な表現が、やがて渦巻き、天高きらせんとなって、ついには「悪趣味」「過剰」の代名詞ともなってゆくところの、かのバロック。これこそ、このねじれゆく姿こそ、スペイン人のこころの奥深くにひそむエッセンスなのではあるまいか。

荒れ果てた砂漠のようなスペインの大地に根をおろし、老獪《ろうかい》にねじくれ、節くれだって、乾いた木肌をらせんに巻きつつ天に伸びて繁る、かのオリーブの樹。そのオリーブの樹のように渦巻く精神が、ほかに植物の湿り、かげりとてないこのスペインの荒れ地で、どうして同様に人のこころに育たないわけがあろうか。彼らスペイン人において、直線は、やがて必ずねじれ、ねじくれ、渦を巻き、らせんとなって天へと吸い上げられるように昇るのである（エル・グレコの絵の空を見よ）。スペイン人は、家族を愛し、故郷を愛し、故国を愛す。自己愛にもとづく、それらへの依存度は非常に大きい。それは「ビバ○○（地名）！（○○万歳！）」という言葉によく表れている。そして、ここにスペインの哲学者も指摘する、スペイン人究極のひとことがある。

「ビバ・ジョ！（おれ様万歳！）」

誰でも、スペイン人をつかまえて問うがいい。

「あなたは、ふだん誰も口にしないこのひとこと『ビバ・ジョ』をどう思いますか？」

「もちろん」と彼は答えるだろう。「それこそ最も私の言いたいところです」と。本当だってば。それは「あなたは神を信じますか？」にハイと答えるスペイン人より、きっと多いに決まっている。

日本人はあせる人

あせる人

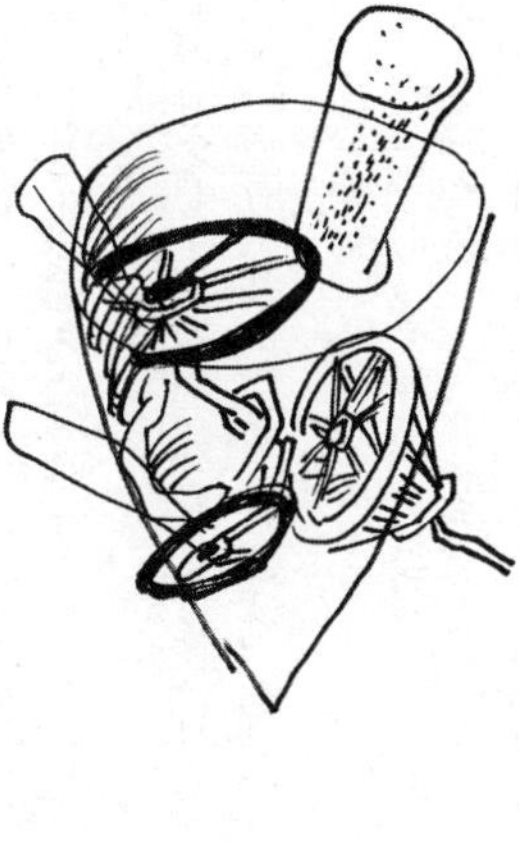

一九九二年のスペインは、オリンピックに万博に新大陸発見五百年祭とやらでたいそうさわがしかった。景気も大変よかった。でも、今は宴のあと。不景気、失業、麻薬……。もう一度ああいうにぎわいを見るには、またあと五百年待たねばならないわけだ。

日本からも友人知人がドッと来たかといえばそんなことはない、いつも通り月に一人、というところだった。それもスペイン・ブームに乗って商売をしようとする会社の人たちで、実のところさわぎは彼らが起こしていたのであって、そんなに観光客がふえたようには見えなかった。

ところで、何の本で習うのか知らないが、日本人はよく貴重品を寅《とら》さんみたいに腹巻きの中に入れている。ホテルのフロントでパスポートを要求されると、女性の場合はアレッとか言ってトイレをさがして駆け出す。腹巻きからとり出すためだ。慣れたホテルマンなら知っているから苦笑いしながら待つ。

男性の場合、はなはだしきはその場でベルトをゆるめチャックを下ろし……。中には隠しているつもりなのかくるりとカウンターに背を向けて始める人がいる。反対側はロビーだからたくさん人がいるわけだ。ところが彼にはそんなこと目に入らない。さて、となりにいる私がなぜひとこと注意しないのかというと、人間はみんな自由だからだ。他人に迷惑をかけているわけでなし、ただ当人がみっともないだけだ。彼は自由にそれをする権利がある。子どもじゃないのだ。

とはいえ私も、そんなに意地悪なわけではないから、「見えますよ」と注意してあげた。すると彼はカサカサとカニのように横バイをして二、三歩壁のほうに動いただけでなおもズボンの中をのぞいている。人々の視線をよけたつもり。ロビーにいる人々は笑っていない。こまって下を向いたりそっぽを向いたりしている……。

いい年をしたしわくちゃの大人が、なぜこんなことをしてしまうのか。それとも彼は日本でもこうして人前でベルトをゆるめて金を取り出すのか。違う。彼はつまり外国で、あせっているのだ。

あせる。

日本人の一大特徴である。日本人とは、あせる人なのだ。

公衆電話でもし後ろに人が立ったら、あなたは早く話を切り上げようとするでしょう？

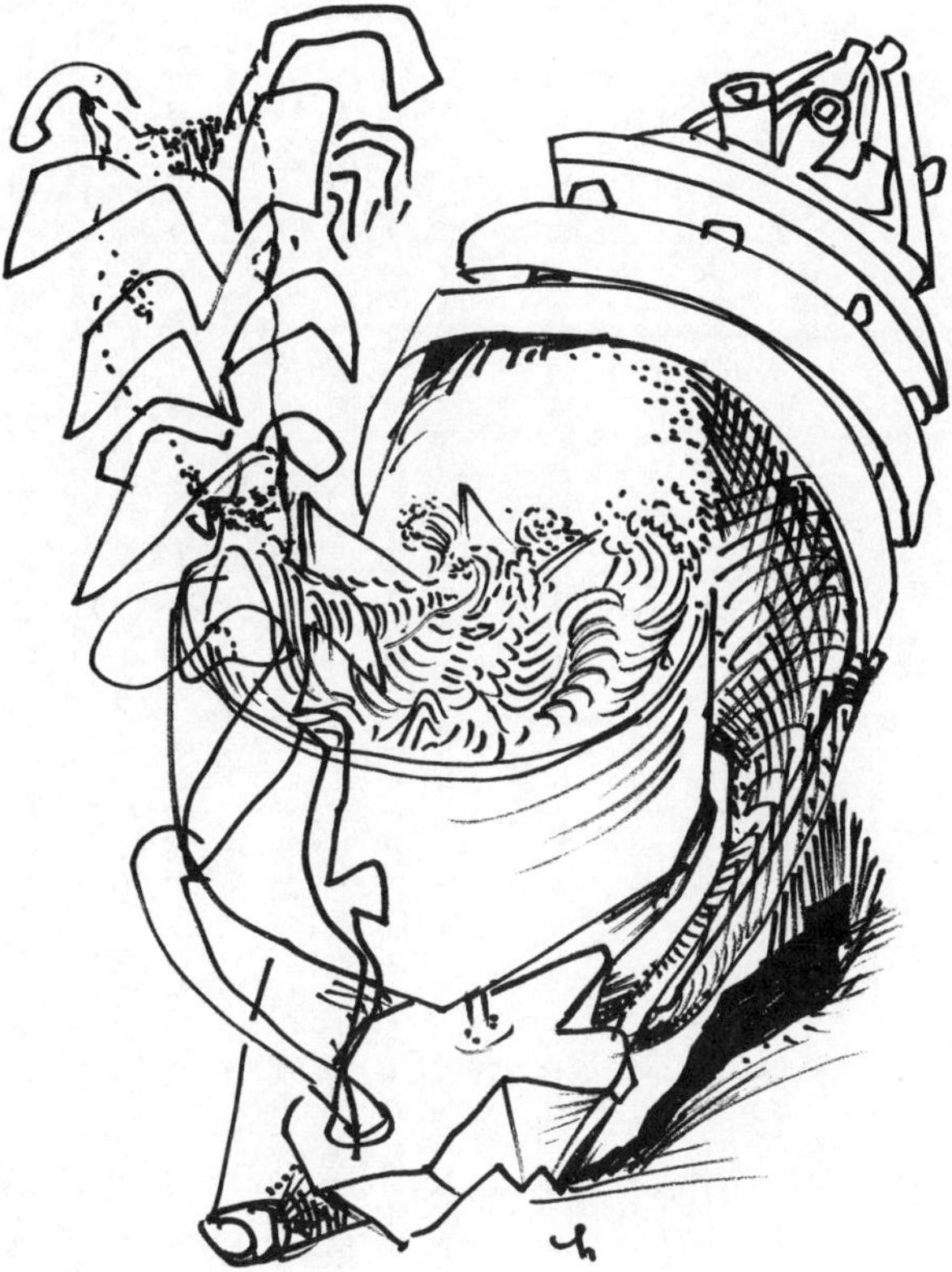

でもスペイン人は違う。切らない。スペインでは常に先行者に権利がある。レストランだって、いくら立って待ってる人がいても食べてる人は悠然としている。追い立てても食わない。日本はあとから来る者に優先権がある。先にいる者はつねに追い立てられるか、そうでなくても落ち着かない気持になる。善し悪しではない。あせっちゃうのだ。

日本人はこうして特に西洋人から何かを（この場合パスポート）要求されるとなぜか猛烈にアセッて一秒後には実現せねば、と思いこむ。彼だけじゃない。湾岸戦争のときもPKO法案も、西洋人に要求されて政府《せいふ》が猛烈にアセッたのだ。そもそもは太平洋戦争の敗戦が原因なのか。いや、そうじゃない。黒船のときもそうだった。幕府がアセッた。日本中がアセッた。何ということなく西洋人に弱い。そうでなくてもあせる体質なのに西洋人に要求されるとなおアセッちゃう。

あせる日本人がアセッて、軍隊を外国に出せるようにしましたね。あせる国のアセッた軍隊が外国でアセると危い。

「一国平和主義ではダメだ」なんて、もっともらしい全体主義を国会議員が鼓吹《こすい》し始めた。彼らは白人の要求に突然ベルトをゆるめて百何十億ドルだったか取り出したっけ。世界中そっぽを向いて苦笑したが、当人はアセッているのでわからない。ただ、あわててカサカサと横に這った。

真の国際人

私は国際人なので、ときどき用もないのにスイスへ行ったりフランスへ行ったりする。マッターホルンが見たいな、と思うと、たちまちジュネーヴ空港に降り立ってしまったりするのである。そして空港のカフェで、おもむろに「アン・キャフェオーレ・シルヴプレ」なんぞと言い、うまくカフェ・オ・レが出てくると、お祭りの射的《しゃてき》屋でキーホルダーを当てたくらいの気はするのだ。

私の日本の友人にも国際人はいて、ときどきパリなどへ出かけるらしいのだが、彼はパリの渋い裏通りのカフェなどに腰をおろして、時に赤ワインなどを所望するそうな。

「ヴァン・ルージュ・シルヴプレ」

しかし、なかなかフランス語のヴ、つまりVと、ル、つまりRは発音が難しい。

〝博愛〟に色をつけて国旗に掲げるくらいだからそんなものはあるわけはないので、パリの裏町の給仕などというのは底意地が悪い。発音が悪いとたちまち険悪な顔つきとなり、「あーん？」と問い返す。

「ヴァン・ルージュ・シルヴプレ」

と、友人は思わず小声になってくり返す。給仕は、また「あーん？」と威丈高《いたけだか》に叫ぶ。で、しかたなく友人はもう少し発音の簡単なやつ、つまり、

「キ、キャフェオーレ、シルヴプレ」

と言うのだ。で、友人の前には赤ワインの代わりに、どんぶりのような大きな器のパリの〝キャフェオーレ〟が置かれる。

というわけで、スイスでもフランスでも、カフェ・オ・レを飲んでいる日本人がいたら、それは国際人である。

スペインでも、日本人の国際人ぶりは知られている。

カフェテラスに腰をおろして、やおらカタカナで書かれた六カ国会話帖を取り出す。こんな便利なものは他国にはない。せいぜい二カ国語、つまり自国語との対訳になっている辞書だ。しかし日本の国際人は短期間に六カ国や十カ国を旗立てて走り回るわけだから、当然こういう本が必要なのだ。

さて、その本から顔を上げたわれらが国際人は、自信なげに給仕に言う。

「カフェコンレチェ……ウノ（カフェ・オ・レ一つ）」

しかしあまりにも小さな声なので、給仕にはよく聞き取れない。で、給仕は、

「ケェー？（何？）」

ときき返す。日本における神とは客のことであるから、かつて給仕にこんなに叱られたことはない。で、なんだか不安になって、一杯じゃ悪いと思って、また本を見て、

「カフェコンレチェ・ドス（二杯）」

と言ってしまう。今度はわかったが、なぜ二杯も頼むのかと給仕はいぶかり、

「コモォーッ？（何だって？）」

すると国際人は肝をつぶし、また本を見て、

「カフェコンレチェ・トレス（三杯）……」

……まあ、まだ私は、卓上に三杯のカフェ・オ・レを並べた国際人を見たことはないけれど。

英語さえしゃべれれば世界中どこへ行っても大丈夫、と思っている人は、卓上にカフェ・オ・レを並べるであろう。

もっとも、私はスペイン語さえしゃべれれば世界中どこへ行っても国際人、と思っているわけであるが。

日本の匂い

ある冬に日本で気づいたことをいくつか記したい。

都市にはそこ特有の匂いがあるものだ。たとえばパリはあの地下鉄の強烈な、人と鉄さびとゴムの匂い、マドリードは闘牛場の葉巻とオリーブ油の匂い。では、日本の匂いとは？

残念ながら、それはドブの匂いである。

京都でも大阪でも、東京と同じく、ちゃんと、下水がたまって腐ったドブドロの匂いがした。円山公園の美しい斜面の中ほどでも、ちゃんとした。

スペインの各都市は、毎晩消防の大ホースで盛大に水を撒いて町じゅうのゴミを洗い流すので、こんな匂いはしない。

東京のあちこちで出くわすこの匂いは、初め東京特有のものかと思ったが、むしろこれは

日本の地上の繁栄と、地下の退廃の匂いとでも言うべきものらしい。

一方、日本の若い女性がみな美しく見えるのは、幸せな気分だ。以前、たわむれに、日本女性の半分は美女だ、と書いたことがあったが（西洋女性の全部が美女だ、と続くのだけれど）、私の今回の印象ではこれは本当であった。日本には美人が多いのだ。

〝ワンレン〟と言うのだそうだが、あのさらりと長い髪は、平安時代から変わらぬ日本女性のスタイルである。顔はずいぶんバタ臭くなってきた、などと言うのを聞くけれど、なに、明治初期の美人の写真などを見ると、なかなかどうして今日のタレントなどにしてそのまま通用するバタ臭さがある。美人というのは、常にちょっと異質な感じをもたらすのかもしれない。

それらワンレンの美女たちは、聞けば〝朝シャン〟というものをするそうである。何もそう毎朝洗わなくてもよさそうなものだが。

が、あるときふと気づいた。

夜ふけて、電車の中はみな一杯飲んで酔った人々でいっぱいである。中には、だらしなく酔って、吊り革につかまったまま半分眠りこんでしまい、身体がぐるりぐるりと回転している中年男もいる（京浜東北線に多いような気がするが、ま、そうでもないのでしょうね）。真っ赤な顔をしてドアの脇で苦しそうに、ぐえッ、ぐえッとモドシそうな気配の奴もいる。

そんな車内で、ワンレンの平安美女たちは、その長い美しい髪を惜しげもなくゲロ臭い中年男の息の前にさらしているのである。

〝朝シャン〟の対句は〝夜ゲロ〟なのであった。

もう一つ気づいたこと。

下町の路地ウラの、民家の勝手口のあたりなどに目をやると、ほんの小さな空間を実に巧みに用いている、その精神に感心することがある。〝精神〟というのはちょっとオーバーかもしれないが、何しろ、そのココロこそが、ハイテク技術を支えているのではないか？

ほんの小さな出窓の下の空間に、プロパンガスボンベが置かれて、竹ボウキがしまわれ、チリトリがちんまりと立てかけられ、その脇にオモトの鉢が置かれてあったりする。

何しろ、漢字というものが、そもそも集積回路なのだ。アルファベット一字分の面積に、いくつもの音と意味とが詰まっている漢字。おまけに、中国では一つの漢字に一つの読みかたしかないであろうが、日本では常に音読みと訓読みが、何種類もある。

そして、狭苦しい室内に、多くの電化製品。その配置だけでも、りっぱなハイテクである。いや、アートである。

歌舞伎見物

　せっかく日本にいるのだから、と歌舞伎を見に行った。が、日本だから歌舞伎、という考えかたはちょっと陳腐であるかもしれない。文化勲章は歌舞伎役者と富士山絵描きに、という政府と同レベルになってしまう。

　とはいえ、せっかく日本にいるのだから、と日本酒を飲み、友人たちと遊び回っているのだ。歌舞伎を見るのも悪くあるまい。とにかく私は歌舞伎座へ行って歌舞伎を見た。

　歌舞伎座というのは、むかしの大きな風呂屋（銭湯）のような建物で、なるほど風呂屋はこれをまねたのか、と新しい発見をした。

　幕が上がると、舞台の背景には広々とした水辺の風景が描かれていて、なるほどこれも風呂屋と同じだ。してみると、湯船のあるところは舞台であって、そこで演じられる赤裸々《せきらら》な人間模様というものも、赤くゆだった裸体に置きかえられて、なかなか、むかしの庶民生活はシャレていたわけだ。歌舞伎を演ずるのは男ばかりだから、言わば男湯ですな。

そう思って、休憩時間に赤いじゅうたんの廊下をふらふら歩くと、そこは一つの小歓楽街の趣《おもむき》で、まんじゅう各種、酒ビール、お土産お茶お寿司幕の内弁当くず切りあんみつそばうどんコーヒーコーラ。しかし、文化勲章、何とかホー章、人間国宝、無形文化財、とにかくりっぱな政府お墨《すみ》付きの芸術を鑑賞するのに、これらはちょっと不謹慎ではないか？　考えてもみたまえ、パリのオペラ座、ミラノのスカラ座、ニューヨークのカーネギーホールの廊下に、こんなにたくさん飲み食い屋がちょうちん下げていると思いますか？

だから。

違うんですよ、歌舞伎座というのは。

あれは銭湯なんです。船橋ヘルスセンター、常磐《じようばん》ハワイアンセンター（ってまだある？）、日帰り温泉の類《たぐい》なのだ。だって、舞台上では、長谷川伸《しん》作「刺青奇偶《いれずみちようはん》」というのが演じられていたが、不思議なことに役者のセリフがほとんど聞こえない。もともと私は耳があまりよいほうではないが、両手で耳をダンボにしてみても、かすかに声が出ているとしかわからない。なのに、客はときどき、笑ったりしている！　そして、私に聞こえる音といえば、客席からのさわさわ、しゃこしゃこ、という絶えることなき紙の音、セロファンの音。そしてあれは咀嚼《そしやく》の音だったのだろうか、ＳＫＳＫＳＫ……。

うーむ。と私は唸った。これは、すでに〝鑑賞〟の世界でない。これは、〝彼我《ひが》合一〟の

堀越ペンキ商会
謹写

一つの倒錯境ではないか。演者という他者を見に来る、のではない、舞台に上がった親類縁者を応援に来る、といったえこひいき、エゴ引き、の世界なのだ。

休憩に入って、周囲の客たちの会話を聞いていると、やれ勘九郎《かんくろう》がどうしたの玉三郎がどうしたの、と、役者名をファーストネームで呼び捨てにしており、ははあ、やっぱりこりゃ御親類だな、とわかるのであった。

客席の赤いじゅうたんは、ふわふわとなしくずし的に廊下の諸《しょ》まんじゅう諸《しょ》寿司の空間に切れ目なく続き、くつろぎの気分は全館にあふれていて取りとめがない。はるばる青森や島根から来た親類縁者もいれば、月島あたりから自転車でやって来る従兄弟もいて、おだやかに和《なご》んだ空気の中、二百五十円のコーヒーをズズと吸い込んだり、栗まんじゅうにむせたりしながら長い列を作っている、と見るとそれはトイレットであった。

私は、この日本の不思議な親和力に圧倒されてしまった。日本人みな兄弟。国際人の私のかすかな理性はこれに拒否反応を起こすが、そんなものに何ほどの力があろう。廊下の壁にはボタンの花が開き、富士山がそびえて、親類縁者を見下ろし、舞台では今しも、白無垢《むく》の、ああ汚れなき純白の、鷺娘《さぎむすめ》の玉三郎が……。いや、これは素晴らしかったけど。

アゴの問題

日本の食べものはおいしい。ウナギもあるし寿司もあるしラーメンもある。一時帰国の三カ月の間、ずいぶんいろいろ食べて楽しんだ。

しかし、ふと気がつくことがある。

なるほどタラフク食べて、アジアやアフリカの飢餓のことなどまったく思い出しもせず、ふらふらと盛り場の夜をウロつくわけなのだが、そしてこの上なき満腹感を感じているのだが、どうも、何というのか、栄養感とでもいうものが満たされないのだ。で、深夜のラーメン屋台にへばりついたりするハメになるので、しばしの日本生活において私はずいぶんと肥った。

栄養感というのもヘンな言葉だけれど、たとえば、あれら日本のトマトやレタスやカリフ

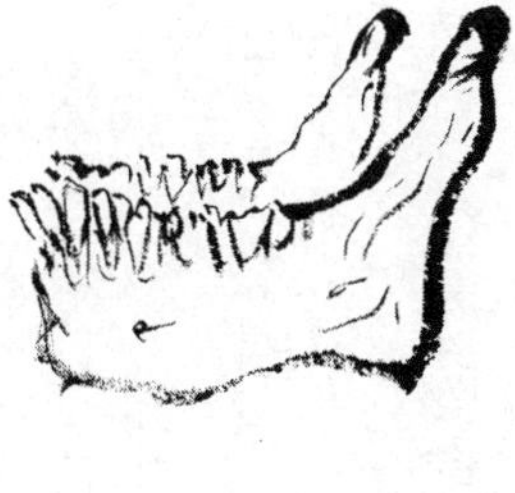

ラワーやナスやキュウリや……に味がありますか？　ない。

むかし友人と二人で一升びんを空けるのに、ほかにつまみがないのでありあわせの葉っぱをむしって食べていたら、突然もどしてしまって以来食べられなかったはずのセロリでさえ、香りがやさしくなっちゃってて、食べられる。

何しろ、みんなやさしくなっちゃって、平均化しちゃって、同質化しちゃって、目をつぶって食べたら、トマトだかナスだかわからないのではないか。

こういう、味も香りもないものに栄養なんてあるわけない。

だから、食べて食べて満腹して腹突き出して歩いていても、何かこう、今一つ、もの足りない感覚が残ってしまう。それを、栄養感の欠如として私の体は感じ取るらしいのである。

何か空しい内臓の空転だけをさせられているような、気分がふとするのだ。

それでも、韓国ふう焼肉は、栄養感がある。牛は養殖（？）ものには違いないが、生肉に近いからだろう、体が翌日荒々しくなって元気が出るような気がする。

寿司のマグロもいくらかよろしい。でも、寿司屋へ行ってひたすらマグロばかり頼んだら、寿司屋というものはイヤな気がしないかしらん、と思ってしまうので、バリエーションをつけるつもりで鉄火巻などを頼んだりもする。

とまれ、味も香りも栄養もない日本の野菜で菜食主義なんぞをやったら、人は病に臥《ふ》すのではないか。

本当に、こんなへろへろの野菜を食べていて、日本人は大丈夫なのかしら。

ごはんもおいしすぎる。真ッ白でふわふわで、甘い。

以前、ポルトガルへ旅したとき、リスボンの西日のあたる石ダタミの坂道で、ポルトガルの柔かくてほわほわのパンを歩きながら食べて思った。

「ああ、この国はこんなにおいしい、柔かいパンを食べているから、迫力のない、斜陽の国になってしまったんだ」

そういうモノの見かたをする私から見ると、ブランドものが大好きな日本の女性たちが、おいしいおいしいとさわぐあのフランスの棒パンにさえ、すでにフランスという国の没落の兆《きざし》が現れている。

それに比べると、スペインのパンはよろしい。たとえば焼きたてでも皮はコチコチで、それは夫婦ゲンカの武器どころか、町なかの追いはぎを相手に戦うこともできる代物だ。両端がとがっていて、まるで火山弾のようである。根性が入っている。

むろん、スペインの野菜や果物は文句なくおいしい。

スペインの米もよろしい。名物パエージャ（パエリャのこと。スペインではこう発音する）のごはんは、日本で言うところの生煮《に》えである。芯がある。根性が入っている。

芯のある米と固いパンで大いにアゴを用いるので頭脳が活性化した。それでスペイン人たちは、オリンピックと万博を同じ年にやってしまったのである。最近、そのパビリオンが空いていてこまるから、また万博をやりたいと言っている。

お水取り

なぜスペインなんですか？　と、イマふうの質問のしかたでよくきかれる。なぜスペインに住んでいるのか、私自身もふと町の中で立ち止まって考えてしまうことがある。れれれ、おれの今いるここはいったいどこだろう、みんな西洋人ばかりじゃないか！　と不審に思う瞬間がたまにある。もう二十年もいるのに。

顔が違う、ということはかなり本質的なことらしくて、しゃべっている相手が栃木出身だとか高知出身だとかいうことはちっとも考えないけれど、ずいぶん親しい友人でも欧米人だと、心は互いにわかり合い、通じ合っているのに、目は相手の顔のささいな点を見つけて、驚いている。こればかりはどうしようもない。この日常的な小さな目の驚きが、絵を描く上ではなかなかに悪くない刺激となっているかもしれない。

しかし、時たま日本に舞いもどってくると、今度は逆に日本人の顔がエキゾチックに見えてくる。誰でもヨーロッパ旅行から成田へ帰ってくると、漢字の看板のハンランを見て、わッ香港《ホンコン》！　と思うだろうし、日本人の顔を見て、わッぺたんこ！　と思うのはしかたのない一時的現象である。でも私の目に映っている日本人の顔は、たとえば、小さな目でもそれが一重で切れ長く、あるいは鋭く吊り上がっていたりして、美しいなァ、ああいいなァ、そうだ、まるで京都の東寺の五重塔の屋根の反《そ》りのようではないか、黒髪をざっくり切ったおかっぱ頭は、さしずめ奈良の唐招提寺《とうしょうだいじ》の大きな瓦屋根を模したのではないかしら、などと、まるでブルーノ・タウトなのである。

日本の瓦屋根や、町なかの平凡なお寺や神社のたたずまいを見ても、私はこのごろ感動してしかたない。山々の木のありさまや、竹林が風にゆれるさまにも頭が下がる。雪が降って、その残りが日陰になった畑や山道にいつまでも消えないでいるのも、何だかもったいないようだ。たいていは電車の窓から眺めるばかりでそこへは行けないのだが、そこを歩きたい思いでいっぱいになる。

電車の中などでは、よく女性の目に見とれてしまう。切れ長や切れ短かの目の、その奥に二重まぶたが見えたりしていて、実に美しい。目の美しさでは日本人は、特に女性は世界で屈指ではないかしら。三秒に一回ずつ不信と攻撃性を映し出すスペイン女性の目や、五秒ごとに拒絶と虚栄を光らせるフランス女性の目などに比べると、決してNOと言わない（？）日本女性の目の奥は深くて、不思議で、神秘的で、まことにエキゾチックでセクシーなので

ある。

こういう宙ぶらりんの、半分異邦人、半分日本人みたいな目で私は日本を味わって楽しむことができる。これは二十年のスペイン生活の思わぬ余禄《よろく》であった。

＊　＊　＊

奈良に版画の工房があって、そこで私は時おりリトグラフやエッチングの作品を作る。あるとき、刷師《すりし》の一人がつぶやいた。「今日からお水取りやなあ」

東京の二十代の人にお水取りのことを話したら、何ですかそれ？　と言われた。

私も詳しいことは知らないが、火の粉のはぜる大たいまつを、東大寺二月堂の欄干《らんかん》に沿って走らせる、春先の行事だということぐらいはみなが知っていると思っていた。でも実見したことはないので、そいつはぜひ見たい！　と駄々《だだ》をこねて工房の人に車で連れていってもらった。

二月堂は闇の中にたくさんの灯をともして可憐に輝いていた。時おりいまいましくも傍《ぼう》若無人《じゃくぶじん》に光るテレビの照明を除けば、その光景は、何百年も前と変わらぬはずだ。二月堂を見るのも、ほとんど二十年ぶりだった。おぼろに見える土台の木組や屋根のカーブ。何と美しいのだろう！

周辺の小さなお堂や門や石段のたたずまいにも、私は感動した。土塀の何と美しいこと！

道に転がっている石や草や木や苔が、何と美しいこと！　まるで、本物の日本のようではないか！　壁土の剥落《はくらく》や破れやしわやひだの奥までも、千年の日本の息がしている。わァ日本だ！　わァ東洋だ！　と、何だか西洋人観光客のように、暗いあちこちをさわったり眺めたりして、よろこんだ。

左方の階段を大きな炎の長いたいまつが運ばれ、よく火が国宝のお堂に移らぬものだと感心する中を、勢いよく欄干から突き出された。荒々しく飛び散る火の粉や灰を浴びながら、私は幸福に笑っていた。

それが終わったあと、二月堂の内陣《ないじん》の闇の中を足駄《あしだ》をはいた僧たちが荒々しく歩き回ったり走ったりする儀式を、その外周りからかいま見ることができた。ものすごく得をした気分だった。そして、私はこうした一切を、この儀式や、お堂の細かいディテールつまり板張りのしかたや金具や軒《のき》の姿や畳や床のきしみ具合や、係の人の灰の掃きかたや関西なまりやおじぎや歩きかたやを、深く尊敬してしまったのである。そして、こんなに尊敬に値《あたい》するものが日本にはあるんだなァ、とあたかも自分の家の庭にあるもののように思って、またさらに驚き、うれしくなってしまった。

いつかテレビで、タレントのミーちゃんとハーちゃんがヨーロッパ見物に行く番組を見ていたら、若い彼女らはしきりと感心していた。「さすがに重々しい石造りの家ですゥ」とか「歴史が感じられちゃいますゥ」とか「やっぱりヨーロッパは古さが違いますねえ」とか言っている。法隆寺や東大寺のほうが古いのに、という論はさておいて、人は誰だって、そういう、目に見える歴史と文化のたたずまい、というものに圧倒され、尊敬するのである。日本人は、ヨーロッパに古典とか伝統とか格調とか芸術とか文化とかをイメージするであろうが、それらはすべて、目に見えるものなのである。もしパリが、今の東京のようにぺらぺらした新建材の家や即製のビルばかりの町だったとしたら、いったい誰がパリに憧れ、そこを芸術の都と呼び、尊敬するだろう。

伝統も芸術も文化も、すべて目に見えるものである。二月堂を見れば、日本の文化も伝統も芸術も、すべて感じ取れる。三月堂の中の大きな仏像群を見たってわかる。法隆寺を見たってわかる。なぜって、そこに「ある」から。それを見るから感じられるのだ。それがなかったら、文化も芸術も伝統も、単なる噂話にすぎないではないか。

もう日本人は古い建築や町のたたずまいをずいぶんと壊してしまって平気だ。それらが、実は軍隊よりも強い力を持っているのは、先の大戦で京都、奈良が空襲されなかったことでもわかる。古いものが現存する、ということの力を日本人は甘く見ている。

さくら

桜とは何か。

あの、春先に咲くさくら。

その下には死体が埋まっている、と詩人に言わしめるほどのケンラン。いや本当に、頭がぐるぐるしてくるほどの輝きである。頭上に、光り輝く大きな塊が爆発のように現れる驚き。何だかそれはUFOの訪れか、天人が彩雲《さいうん》に乗って出現したほどに唐突である。桜がいさぎよく散ることが死を想起させるのではなく、ある日桜がいっせいに開花したとき、頭上に、死が花開いたのである。

風が吹いて花びらが散って吹雪《ふぶき》のようになる。真ッ盛りに咲いているのに、よくその花の一弁《べん》一弁を見ると、花びらの先端はすでに茶色く枯れ始めているものがある。そして、頭上

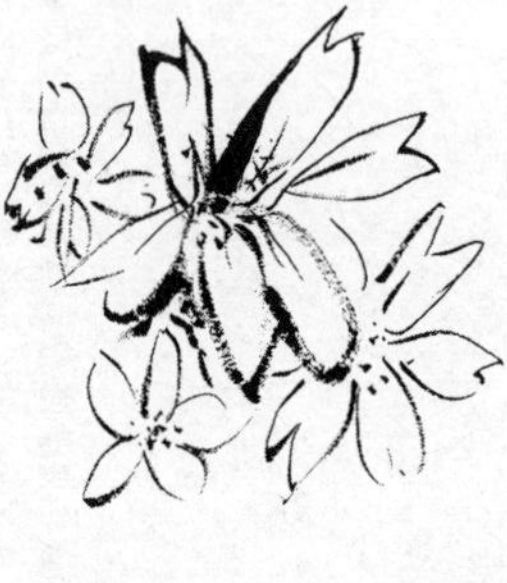

では死が、ごうごうと音立てるほどに輝いている。天上の音楽。

崇高なまでの花びらの、その一つ一つを手に取ることができる。小学校の徽章《きしょう》のデザインに、なるほどそれはよく似ていて、ほほえましい。小さく可憐で、手の中のそれはとらえられたアブのように風にふるえて、早く天上の死の饗宴《きょうえん》にもどりたくてうずうずしている。

視覚的にはこんなにも派手で破壊的な大現象が、目を閉じればまったくの静寂の中で進行している不思議。

「それにしても、やれ今日は一分咲きだ二分咲きだ、やれ開花宣言だってラジオやテレビや新聞でさわぐ国ってのは、まァ日本だけでしょうねえ」

と日本のタクシーの運転手が言っていた。

その通りですよねえ。

あの木の下でゴザ敷いて、昼間から酒を飲んで大さわぎをする、という国民はほかにはあるまい。鉄板を用意してヤキソバをかき回し、ビールを飲み酒を飲みゲロを吐き、発電機を持参して灯をともしカラオケを歌い……それらはまったく公開の場で行われるから、私はそれを間近《まぢか》でしみじみ眺め得た。こうなるともはや桜は単なるダシにすぎない。頭上に大いなる死は宙に浮かんで、ケンランたるその破片《はへん》を降らしているが、人々は地上の痴《ち》にて多忙である。

しかしこれは別に嘆かわしいとかいうのじゃない。すぐ眉《まゆ》の上に死をたなびかせて、その下で肉を焼きタコを焼きスルメをあぶるのである。これこそ、生命ではないか。

日本人は、おそらく、ずいぶんと早くから、たとえばキリストがゴルゴタの丘で十字架にかかって、ザクロの木のトゲに百舌《もず》が引っかけたトカゲのようになってしまったころから、桜の満開に示される、明るい死、天上の光、を感じ取ってその下で浮かれていたはずである。思えば、まことに奇怪なことである。

しかし、まことに結構なことである。結構とはまさにこのことだ。明日なき哲学である。キリストも同意見だ。「明日を思い煩《わずら》うなかれ」

西洋の人々もまた、マネの「草上の食卓」のように自然を愛《め》でるが、咲いているのは桜ではなく女性の裸である。これもまた結構である。初夏のような春先に、人々は野に出てサンドウィッチを食べたりバーベキューをしたりする。酔うてくれば、中の女性が立ち上がってするりと衣服を脱いでしまうというようなことだってあるだろう。私は春のマドリードのレティロ公園の人通りの少からぬ木立のそばで、スカートをめくり腰をかがめて小用を足しつつ笑っている若い女性を見たことがあるから、マネの絵は実景に近いだろうと思っている。

しかしそれらは、日本の花見のドンチャンさわぎに比べれば、実はもっと卑俗《ひぞく》であり、猥《わい》雑《ざつ》である。頭上に花の爆発が、つまり死が、ただよっていないからである。

青蛙記《あおがえるき》

蝿《はえ》がうるさいので目を覚ました。ふとんの周囲を手さぐりして、買ったばかりの蝿タタキを取って振り回すが、なかなかに蝿はしつこい。「くそッ！」と叫んで飛び起きた。すると、すでに陽は障子《しょうじ》に当たってさんさんと輝いている。障子を開けると、目に一面の緑と、切れるように新しい朝の山の空気が流れこんできた。今度は「わあッ」と叫んで庭へ降りる。すでに蟬《せみ》が鳴いており、草や木やトウモロコシやヨモギやミョーガや山ユリやナスや、そして水田の稲が、爆発している。

こんな生活なら、誰だって望まないわけはない。おまけに、家賃も電気代もいらないのだ。

私は今、そんなこの世の天国にいて、まるで寒山拾得《かんざんじっとく》みたいに、笑いッ放しでこれを書いている。

　ここは新潟県の小国《おぐに》という町の、さらに山奥の山野田という小さな集落である。小国町の方々や長岡の方々のおかげで、この〝芸術村〟の「国際交流の館」という、むかしの大きなカヤぶきの農家を改修した宏壮《こうそう》な屋敷で、ひと夏をこうして甘やかされてすごしているのである。ホームレス冥利《みょうり》に尽きる。

　おッ、ウグイスが鳴いた。窓を開けておくと、蝶やトンボやコオロギや、蛙までが入ってくる。家の床で小さな青蛙《あおがえる》がハネてるのは、なかなか楽しい見ものだ。もちろん、蚊や蛾やゴキブリだって入ってくるが、人種差別はいけない、というのに、虫種差別はもっといけないに決まっている。こういう、天と地の恵みの豊かなところにいると、心が大らかになって、虫種差別の心はなくなるのだ（ただし蠅だけは別だ！）。玄関の外側のセメントの割れ目からは、先住民の青大将が上半身を出して日光浴をしている。いいなァ。

　広々とした庭に洗濯ものを干していると、物干しの杭《くい》に、きのうまではなかった蟬の新しい抜けがらがついている。こんなものを見るのは何年ぶりだろう。思えば蟬の鳴き声だって何年ぶりだ。スペインの蟬は、ジッジジッと唸るばかりで、これじゃちっとも岩にしみ入らない。

　おお、それにしても、トウモロコシの葉のぬめぬめと粘る光よ！　私も、あんなふうにありたいと思う。稲の、眺めるたびに驚く、真の緑よ！　私もあんなふうにありたい。湧き水の透明な固さよ！　ポプラの、風にチラチラとひるがえる白い葉裏よ！　庭に生い繁る名も知らぬ草々よ、花々よ、杉の濃い緑よ、バッタよキリギリスよ。みんなおまえたちは、何と、何と緑なのだ。まるでロルカの詩のようじゃないか。

Verde《ベルデ》 que《ケ》 te《テ》 quiero《キエロ》 verde《ベルデ》……

（緑よ、おまえを愛す、緑よ）

ああ、私も、おまえたちのように、緑となりたい！……あまりに強くそう望んだから、草間にひそむ小さな蛙は、草と同じ緑になったのだな。

かつて、ある友人が、室内装飾を一新して、カーテンからソファから床の敷物から、一切を緑にしてしまった。

「その中で、自分も緑のシャツとズボンをはいて緑のじゅうたんの上に寝そべるとさ、どんな気がすると思う？　まるで自分が青蛙になったような気がすると思うだろ？　違うんだなァ。まるで、自分が牛になったような気がするんだよ」

ふーん、そんなもんかねえ、と私は笑ったが、今や、本物の緑に囲まれて、私はまるで青蛙のようである。虫を怖がる四歳の次女も、青蛙なら手のひらにのせてニコニコしている。

こうしている間にも、太陽はカンカンと庭の草を照らし、向こうの山の尾根の杉や松の緑を濃くし、さっき起きたばかりの私を再び睡りに誘い、汗とともに空腹を誘う。よく言われるところの〝インスピレーション〟とは、天然を失った都会の芸術家に生じる、神経のケイレン現象にすぎない、とわかった。

ここでは青蛙までが、あふれる本物のインスピレーションで跳《と》ぶのだ。

そろそろ、山を一里下ったところにある、さんさんと輝く三桶《みおけ》のソバ屋へ行こう。

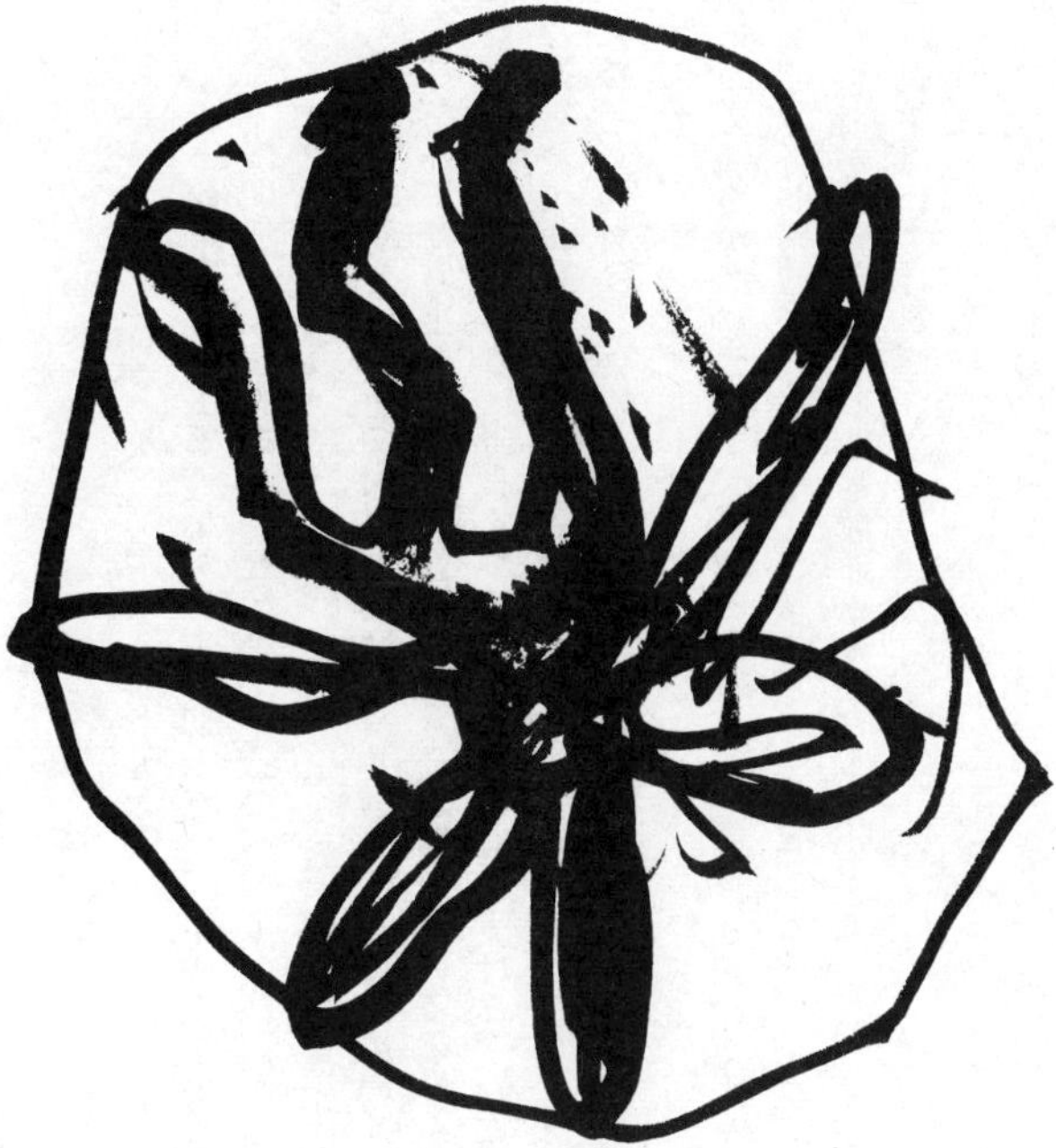

＊　＊　＊

玄関前のコンクリートの車寄せの上で、私が材木を切ったり、ボルトを締めたり、竹材を組み合わせたりして、体より大きなオブジェを作っているのが、上の農道から見ると何だかとても珍奇に映るらしい。

大阪心斎橋のキリンプラザという所で大きな個展をやるので、そのためのオブジェを、日が暮れてからも電灯を外へ持ち出して作っていると、どうも朝の早いこのへんの人々の日課からは妙な具合なのだろう、時おり、野良《のら》帰りの人々から質問を受ける。なに、もともと妙な家族がスペインから来てゴロゴロしていることは周知だから、今さら変なオブジェの一つや二つで、人々は驚くものではないのだが、まあ、あいさつがわりにきいてくれるのだ。

「これはムカデかのお」

さっきは、壮年の男たちが六、七人で、暗闇の山道をドヤドヤとやって来た。みっしりと濃密な闇が家の周囲に押し寄せている。そこを懐中電灯で照らしながら、彼らはやって来た。見れば消防団員たちである。定められた略帽をかぶって、紺の上着と長ズボン、それに、この暑いさ中にゴム長をはいている。

「おお、やっとるのお」

とか言いながら、コンクリートの車寄せのところを登ってきた。さらによくそれぞれの顔

ーを見れば、なァんだ、すぐ上（といっても五十メートルくらい離れている）の家の〝ボーソーさん〟や〝タマゴさん〟やマサジさんたちである。

今宵《こよい》は集落の消防団の集会だったのだ。団員であるほとんど全部の家の男たちが寄り合って、各家の玄関脇に「火の用心、予防査察票」なる紙片を貼って回っていたのだ。マサジさんが、私の使っていた木工用のボンドでその票を壁に貼りつけて、「これなら取れねえって」と言って笑った。毎月一回、巡回があって、そのたびにハンコを押すようになっている。ひとしきりみなで、私のオブジェの感想を述べて笑いながら、またドカドカと長靴を鳴らしながら次の家へ向かっていった。

毎朝夕、トラックの音も勇ましく左官の仕事に往復するので、村の「暴走族」つまり〝ボーソーさん〟とは、妻のつけたあだ名で、妻と娘二人もよくお宅へおじゃましては遊んでくるが、帰りにはトウモロコシやら、お米やらをもらってくるのである。〝タマゴさん〟は、ニワトリや七面鳥を飼っていて、毎朝娘が卵をわけてもらいに行くと、やはり必ずキュウリやナスをどっさりもらってくる。

初めのころ、スペイン流に卵を一ダースとか二ダースとか、つまり十二個とか二十四個とか言ってわけてもらいに行ったら、タマゴの奥さんは端数の二とか四とかを不思議がったそうだ。そう言えばそうだ。

朝起きると、玄関先にキュウリやナスが山盛りになっていることもある。生まれてからコシヒカリばっかり食べている長岡の人が、小国のコシヒカリはすっごくおいしい、と言っていたその小国の米を、わけてもらって食べているので、九歳と四歳の娘はそれぞれ三杯とか二杯とかをお代わりしてこちらを驚かす。テレビはないが、彼女らは夜、星を眺めたり、懐中電灯でホタルを呼んだり、花火をしたりしてしごく満足している。彼女らは、「スペインに帰りたくない」と言い始めた。

従順の理由

かつて、フィリピンのイメルダ・マルコス夫人が、権力者はそのパワーを暗示するにとどめるべきで、決して用いてはならぬ、用いたらおしまいよ、ということを述べていた。その通りかもしれないなァと思ったのは、私はたまにお金を手にすると、ガハハと笑い、たちまち用いてしまう。用いたらおしまいよ、なのである。

何でそんなことを思い出したのか、というと、このごろ日本では、にわかに手にした権力を、すぐに用いてみたくなるらしい風潮を多々目にするからだ。

以前、週刊文春が「JR東日本に巣食う妖怪」という見出しの記事を載せたら、反論や論争をした気色もないまま、JRのキヨスクでの週刊文春の販売が拒否された。JRというのは、こないだまで日本国有鉄道だったのに、このごろでは一民間企業になったことで、役人

でなくなった幹部は、にわかに私企業的自由を得て、こういうことができるようになった。大きな公的責任のあるＪＲが、問答無用のこういう仕打ちを即刻実行するというのはナンセンスである。やっぱり、本当にＪＲには妖怪がいるんだなァ、と、何も知らない私だが、はっきりとそれだけはわかった。

　言論の自由への弾圧だとして闘っていた週刊文春も、少しあとになって謝罪文を載せて以来、ＪＲのキヨスクでも、今や何事もなかりけりという感じで売られている。

　ＪＲの横暴に抗議して、各出版社はキヨスクから出版物一切を引き上げてしまえばよかったのに、そういうことが可能なのは〝市民社会〟であって、日本のような〝町人社会〟や〝庶民社会〟では、まだまだダメなんだなァ、と思った。早く頭を下げることばかり考えているのである。ちょんまげは、平伏したときに最もよく似合うのである。

　同じようなことがほかにもあった。上層部のやりかたに反対していたバレーボールの大林・吉原両女子選手を、日立が解雇《かいこ》したという一件だ。

　これもＪＲの件と似た、にわかな権力の行使だ。いくらオリンピックの選手でも、やっぱり給料生活者だろうし、チームから追い出されればオリンピックどころではない、タダの人だ。

　主力選手を失えば、日立のほうもこまるだろうが、もう面倒くさい、というダダッ子のような仕打ちである。

　こういう、強権の横暴が、社会に当たり前になるのをファシズムと言う。

先頃、東京駅八重洲口地下の〝中の下〟レストランに入ったら、支配人ふうの男に席まで案内された。その席が厨房《ちゆうぼう》わきで落ち着かないので、私は一人でさっさと奥に入って別の席に座った。支配人はそれを見てしきりに首をかしげながら立ち去った。客の前で首をかしげる無礼を平気で行う程度の低レベルのレストランなのに、なぜ客を席まで案内するかといえば、高級レストランに似せて、しかも客を効率的に詰め込もうと思うからだ。が、私は二度と行かない。これも効率のうちか？

お茶の水の安飲み屋のチェーン店でも、アルバイトの目の小さい三男坊ふうに席を指定されたから、即刻退出した。四人がけの卓に二人で座ろうとしたら、右側でなくて左側にしてくれという不可解な要求だった。ふつうの日本人は言うことを聞くのだろうか。私たちが退出したらびっくりしていた。

私は誰の言うことも聞きたくない。人間的に何の関係も魅力もない他人に、国や金の力を背景にして、ああしなさいこうしなさい、と言われるのは真ッ平御免をこうむりたい。当然、安レストランや安飲み屋のあんちゃんに、席まで命ぜられたくはない。

なぜみんな、それをおとなしく受け入れるのだろう。なぜ日本人はそんなに従順なんだろう。

ＷＨＹ？

いやいやそりゃ私だって、お金がたくさんあって幸せなら、従順かもしれない。でもたちまちそれを用いてしまうから、従順のほうもおしまいになってしまうのさ。

見捨てる

およそ二十年前、シベリア鉄道でスペインへ行った。横浜からジェルジンスキー号という船でナホトカへ行き、そこから、四人一室の寝台列車に乗りッ放しでモスクワまで一週間。さらに列車でポーランドや東西ドイツ、フランスを経てマドリードへ。全部で二週間、乗り物にゆられていたわけだ。

そんなことを思い出すのも、このごろ父の病や死をはさんで、スペインと日本を往復することが重なったからだ。

スペインは遠くない。もうシベリア鉄道で往来するわけじゃない。飛行機に乗って、狭苦しいエコノミーシートにやれやれと背を預けてしまえば、ひと寝入りのあと着いてしまうのだ。遠い、というより、ちょっと長いだけだ。

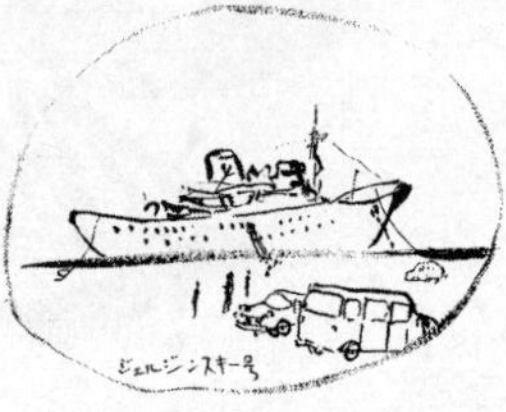

運賃だって、仮に三カ月に一回往復すると、それはたとえば小田原あたりから東京に通勤する人の電車賃と同じくらいだ、とひまな友人が試算してくれた。本当かしら。

短い旅なら、解放感を与えてくれるけれど、一カ月を越す長めの旅となると、出発はちょっと寂しい。どこからどこへ出かけるにせよ、それまでの土地での生活を〝見捨てる〟ことになるからだ。家族のもとを離れるときは、やっぱり胸の痛みを実感する。空港の、税関のところで別れるのはいやなものだ。柵の向こうとこちらで手を振り合い、ほほえみ、声などかけて、やがて壁の陰に見えなくなろうとするとき、幼い娘が小さな手をひらひらさせているのを眼の奥に残して、とりあえず、彼女らを〝見捨てる〟のだ。

日本には母がいる。日本での用事をすませて、またスペインにもどるとき、今度は母を〝見捨てる〟のだ。坂の上の、実家の門のところに立っていつまでもこちらを眺めている母に、ちょっと手を振って、木立の角を曲がるまでの時間に、私は母を見捨てている。

父が危篤《きとく》だとの報を、セビージャの春祭り（フェリア）で浮かれている最中に受けて、私は急いで帰国した。

病床の父のようすを見ると、思ったより元気そうだった。「何しに来た」と言うので、心配させまいと思って「仕事で来たのさ」と出まかせを言ったら、がっかりしたような顔をして、「そうか」と言ったので、私は後悔した。

そんな小康状態がしばらく続くように見えたので、私はまたスペインへもどろうと思って、帰りの飛行機の日を決めた。

私は、この出発で、あるいは父との今生の別れになるかもしれない、と予感をしていた。つまり、この〝見捨て〟がそのまま永遠の別れになるかもしれないのに、いつものように、気軽に〝見捨て〟ようと思っていた。

いよいよ翌朝早く出発すべく、父の寝室のとなりの部屋に寝た。早朝、母の低い叫び声で目覚めると、父はもう死んでいた。

私が見捨てるより先に、父は、私や母や妹やを見捨てて、行った。

私はいつもの気分――別れぎわの胸の痛むひとときを越して、いよいよ飛び立たんとする飛行機のシートベルトの中で感じる、あの不思議な、悲哀と諦念の入りまじった安らぎと、その脇からむくむくと湧き上がる希望――を思い出していた。父はいま、そんな気分の中にいるに違いない、と思った。

旅立ち、はいつも〝見捨てること〟なので、私はずいぶんとそれに慣れた。つらい別れのあと、私はケロリとして、希望の中にいるのである。

父の一周忌に親類が集まった。叔母が、「あんたは生まれたとき、産湯のたらいに運ばれるまでの間にもう目を開いて、ここはどこだって顔してあたりをきょろきょろ見回していたよ」と私に言った。そうか。それはよいことを聞いた。やはり、人は「あっち」を見捨てて「こっち」へ来るのだ。それでこんなに希望に満ちているのか。

ねてもさめても

上の空の話

いつかも書いたが、私は国際人なので、用もなく汽車や飛行機に乗って国境をはみ出してみることがある。マドリードから飛行機で一時間も北上すると、眼下に雪の美しい山ひだが見える。これはピレネー山脈かしらと思って、スペイン人のステュワーデスに、

「これはピレネー山脈ですか？」

と問うと、彼女は、

「こんな美しい山々が私たちのピレネーでなくて何でしょう！」

と答えた。日本の小学生が漢字を覚えている間に、スペインの小学生は修辞法を学ぶのである。それに、日本で青く見えるのはとなりの芝生だが、スペインで美しく見えるのは自分の虫歯である。何だってここでは自分のものが一番なのだ。

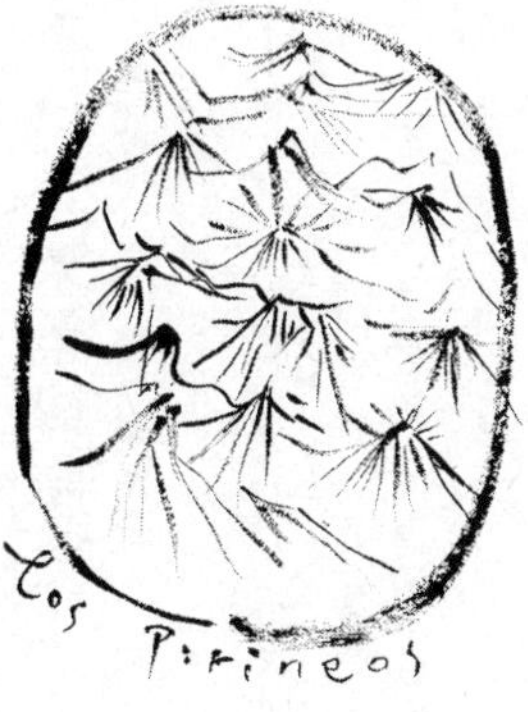

スペインの領土は裸の赤土色だが、ピレネーを越えてフランスに入ると一面の緑になる。そんな緑の中にぽつんと白い米粒様のものが見える。よく見ると小さな白い雲だ。同じようなものがスペイン領内にもあった。その雲の下には白く光る小さなものが見える。ああ、わかった。

原子力発電所だ。

ふと目を上げると、はるかかなたに凍れる荒波、アルプスが見える。ピレネーの上空からアルプスが見えるのである。

さて、せっかく忘れて楽しく暮らしているのに恐縮だが、チェルノブイリ原発事故は、いつだっけ？……たしか一九八六年の春でしたね。

あの事故のあと、スペインではよく雨が降った。私は覚えている。観光客の手前、スペインの芝生が雨のあと全部枯れた、と毎日そこを通る友人が教えてくれた。プラド美術館前の芝生は珍しく迅速に芝生を植え替えた。また雨が降り、また全部枯れた。また植え替えたらまた雨が降り、また全部枯れ、また植え替えた。

古都トレドに住む別の友人は、庭の木の新芽が雨のあと枯れ、また負けずに芽を吹くが雨が降ってまた枯れ、これもやはり三度くり返した、と言う。

スペインでは多少の雨なら傘を使わない。だから人々も（私も）知らずにずいぶんこの雨に濡れた。

その年の夏、各アパートの入口に市役所が貼り紙をした。いわく、

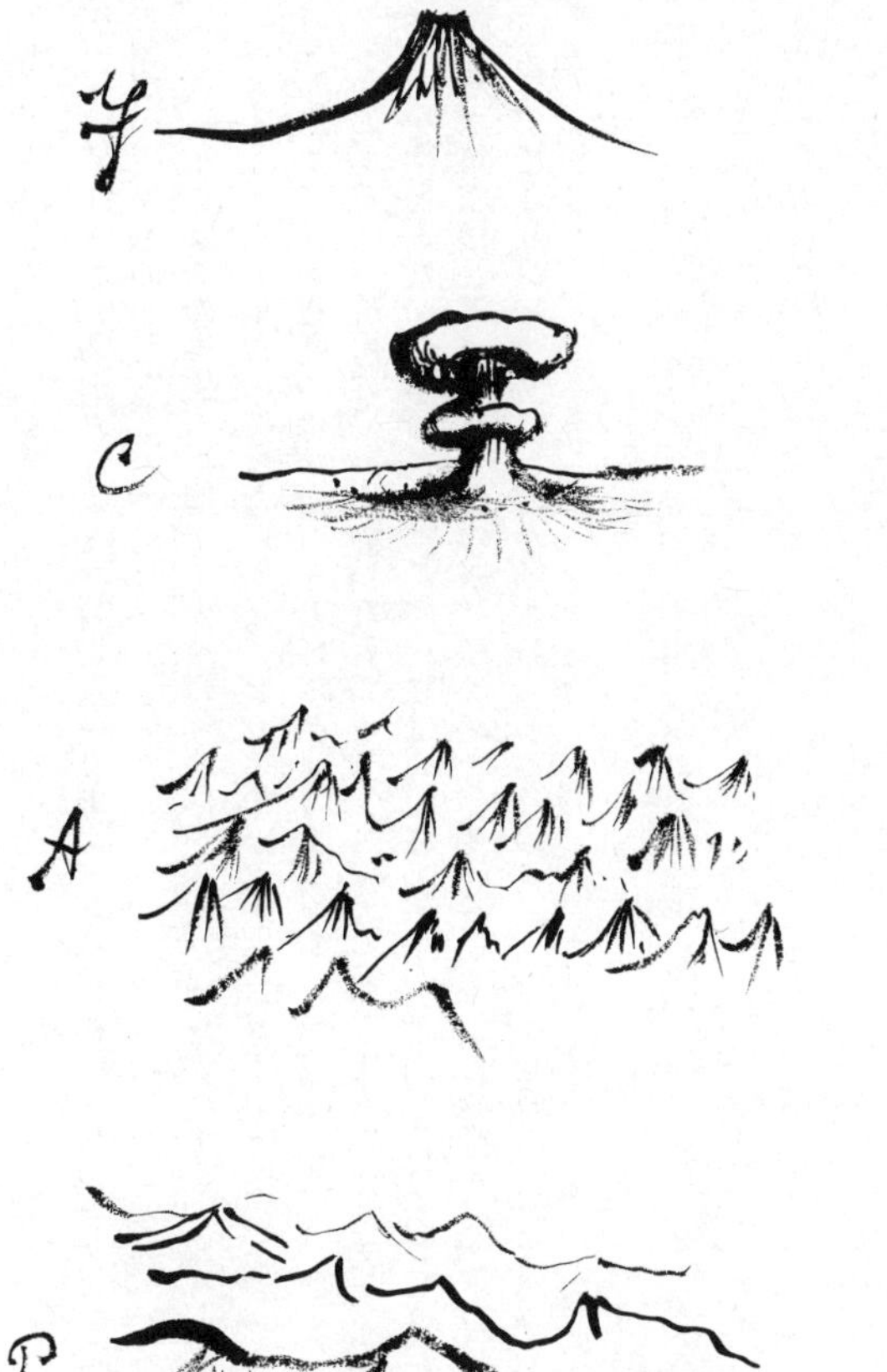
C
A
P

「夏はナマものが腐りやすいので、サラダは食べぬほうがよい。どうしても食べるときは洗剤で三分以上洗い……云々」

ふーん、と私は思った。こんな親切な貼り紙スペインで初めて見た。でもサラダって腐りやすいナマものかしら？

スペインはあの事故の影響が「少ない」のだそうだ。嘘だ。ヨーロッパはあの事故で実はほとんど滅亡寸前なのではないか？　ピレネーからアルプスが見えるのだ。アルプスからチェルノブイリが見えるはずだ。そして、チェルノブイリから富士山だって見えているのだ。

冬のある夜、暖房の効いた静かなレストランで友人たちとよく冷えたカタルーニャの白ワインを楽しんだ。二本目が空くころ、私は〈しまった！〉と内心舌打ちをした。ラベルに一九八六年収穫と書いてあったのだ。私はだまっていた。みなの会話がはずんでいたから。

やがてオリンピックと万博が始まる、というので、スペイン政府もだまっていたのだった。

憂国

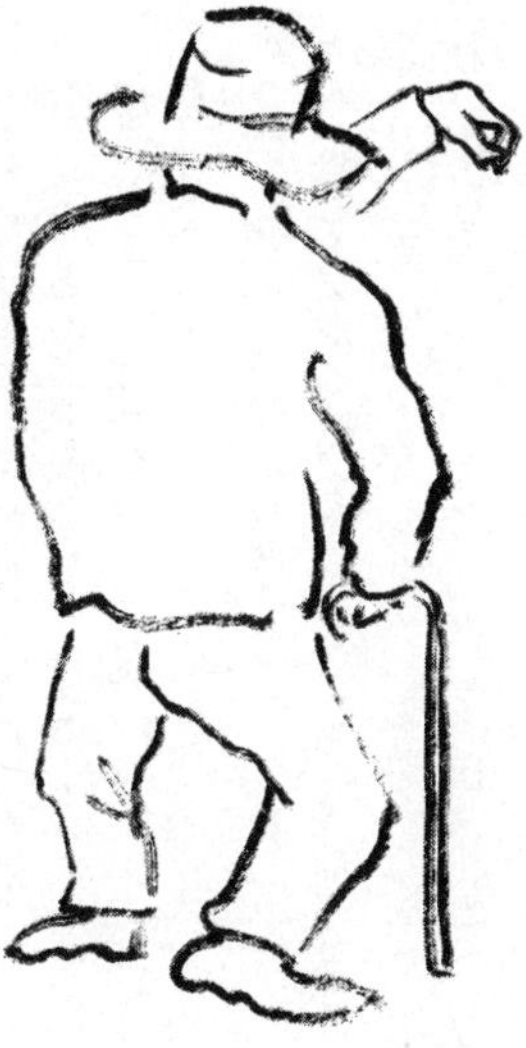

《すでに旧聞《きゆうぶん》に属することかもしれないが、いま読み返すとあの怒りが思い出されるので、あえてそのまま載せることにする》

遠い地球の裏側にいて、とにかく腹が立って夜も眠れない始末なのだ。湾岸戦争での日本の派兵問題だ。

本書「真の国際人」の中で、おどおどとカフェ・オ・レを三杯も頼んでしまう日本人の小《こ》咄《ばなし》を紹介したが、はからずもあれは首相海部《かいふ》であった。電話でおどされて三回イエスと言って百三十億ドル取られた男。あの小咄はスペイン人が作ったのだが、それにしてもよく日本人の本質をつかんでいると彼らの先見の明に感心してしまう。海部は、先にイラクへ呼ばれて行ったときも、まるで小僧の使いみたいなことだけ伝えて証拠写真一枚撮って帰ってきた。だがあのとき日本国首相海部はイラク大統領フセインに会ってもらえなかった。不思議なことに日本政府もマスコミもこれを侮辱のサインと把《とら》えていない。よほどボケてるんだな。

私にイラク人の親しい友が二人いて、彼らはフセイン独裁と以前の対イラン戦争からのがれて亡命している。アラビアン・ナイトの神秘的エレガントさを彼らは持っているが、独裁者フセインもそれは失っていなかったらしく、海部への対応は首尾一貫して清潔であった。すなわち、海部はブッシュ（父）に金を払ったが、イラクから見るとそれは、何の交渉も宣言もないまま突然になされた攻撃と同じなのだ。真珠湾と同じだ。

私のアトリエの大家はアラブ人の老婆で、この人との家賃その他をめぐる攻防、その虚実と愛憎の山河が十余年。その同じアラブ人に八百年間支配されていたのがこのスペインである。そんなアラブの影響の濃厚なスペインにおいて、あの海部のスカシッ屁のようなやりかたはチバート（卑劣漢・密告者）と呼ばれ、最低の人間の行為なのだ。その後のイラクの対日態度を見るとうなずけるでしょう？

日本を一歩出たら、人間と人間は、愛にせよ憎にせよ、正面から向き合って立たねばならぬ。海部は金を出す前に、何よりまずイラクへ行って交渉と外交をするのが当たり前の独立国のやりかただったのだ。

独立国？　と私に問いが生じる。日本は独立国だろうか？　たとえば、「各国兵士が汗を流しているのに、日本は金だけじゃ通らん」という言いかた。こういう町内会のお祭りの論

理で動かされてしまう幼稚な国。今度はこう言われるよ。「自衛隊が血を流してるのに国民は税金だけじゃ通らん」って。首相が「世界のつまはじきにならぬよう」って言う国だよ。何でもいっしょでなくちゃ安心できない国。つまはじきどうしが何とか妥協し合ってるのが国際社会なのに。見てごらん、オーストラリアも英仏西伊も、自国の人質を返してもらうときには、制裁の足並みが乱れるとか言ったって、実にすみやかでしょう。そのとき誰かついでに日本の人質一人でも助け出してくれたか？　自国の始末をちゃんとできる国を独立国って言うんだ。

ここで私は深い憂鬱に落ちこんでしまう。

独立国日本？　寄らば安保の陰。アメリカの木陰で安眠だったのだ。突如中東危機でゆり起こされて寝ボケている政府も国民も誰も危機に対する独自の提案なんて考えつかない。ただアメリカへの協力と貢献。危機そのものを誰も見てないし、中東やイラクと誰も向き合って立っていない。だから海部の亡国的誤りにも気づかない。僕らの国は兵士が汗をかくんじゃない、政治家が国民の汗の金を持って平和外交に汗をかく独特の国なんだ、と走りながら言う政治家が一人もいない。一人も。現憲法下ではこれだけが政治家の仕事のはずだ。なのに派兵だって？　なんと貧困なイメージ！

ウロコの取りかた

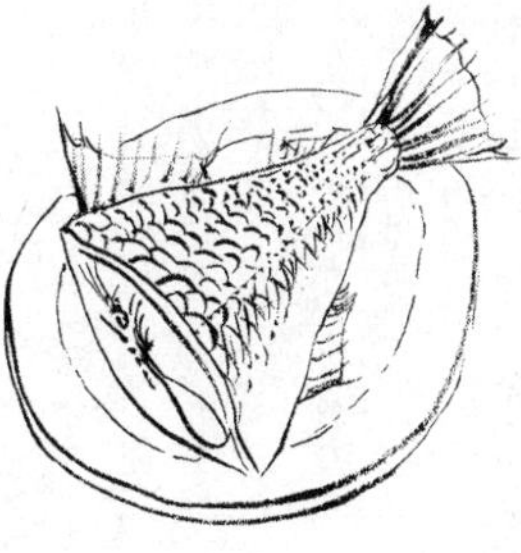

《これもすでに旧聞に属することかもしれないが……》

先の日ロ首脳交渉は、日本では成功と言われているのかどうか、当地スペインの新聞には、ひとこと、失敗と出ていた。例の北方領土問題である。

失敗も成功も、神様のくれた地球に線を引いて取り合うという愚行そのものが問題になることは、ついぞない。

私の娘とその友達の女の子が仲よくヨーグルトを食べるのを見ていたら、友達が、「あ、あたしのスプーン、ここにキズがある。あなたのはないわね」と、取り換えてほしそうにした。娘は、「でも、このスプーンは妹のだから……」とか何とか言いにくそうに言って、交換に応じない。

スプーンなんかどうでもいいのになァ、と思える私は、たしかに進歩したのだろう。

娘と同じ五、六歳のころの私の記憶に、友達の家でみんなでチャンバラをすることになって、その子のお母さん（着物を着ていた）が、奥からたくさん刀を持ってきて、みなに配った。私は今よりさらにボーッとしていたから、早い者勝ちに刀はなくなって、みすぼらしいピストルだけが残った。そのお母さんは、

「ハイ、じゃ、ちあきちゃんはこれね」

と言ってピストルをくれた。当時私は今よりさらに素直な上、まだ国際人ではなかったので、決して人前で「イヤだ」などと言ったことのない子だったのに、そのときばかりはなぜか本当にイヤで、だから一大決心をして、

「ヤだ！」

と叫んだ。桜花薫《かお》る日本国の善《よ》き母親の前で、こんな強い拒否の言葉を吐いたことで、私は一瞬メマイを生じたことをよく覚えている。そしてそのお母さんの着物と、悲しそうにこまった顔も。

結局彼女は、自分の子の刀と私のピストルとを交換してくれたのだったか、くれなかったのだったか……。自分の子にはりっぱな刀を、ボーッとしたよその子にはみじめなピストルを、という母性のエゴに私は抗議をしたのだったのかしら……。

そのとき私は、（今でもはっきり覚えていて不思議なほどだが）何とささいな問題に自分

溺れたウロコ

はこだわって叫んだりしていることか、と恥じた。一方、そんな問題が何と自分には大切なことか（どうしても刀を持ちたい！）と、その矛盾《むじゅん》に深く傷つき、チャンバラする気も失せ、一人で帰ってしまった……。

十数年前当地で知り合った友人に、アメリカ人のフラメンコ・ギタリストがいる。茫洋《ぼうよう》とした好人物で、のんびりした、味のあるソレアを弾いた。映画の話になり、彼はウッディ・アレンを知らないというので、アメリカもカリフォルニアの田舎ともなるとさすがに映画館もないんだなァと笑ったが、これは私の発音の悪いせいで、彼は材木《ウッド》の話かと思ったらしい。

私が、「アメリカ人は、一般に日本人よりも背が高い」と言うと、彼は、違う、と言う。「違う。一般に、という言いかたは正しくない。一般、などというものはないんだ」信じがたいことだが、人類の目にはウロコがフタになって何枚もついている。あの日、このひとことで、私のウロコは一枚取れた。

いかなる場合にも、目の前の事物や人物は「そのもの」であり、「一般」の代表ではない。「そのもの」が集まれば、結果的にある傾向が現れることもあろうが、その「一般的傾向」の結果として個々の事物や人物があるわけではない。

ところが、世界や社会は、人種や国や出身校などの「一般」が初めにある。「一般」に従って個人を見ようとするのだ。「一般」とは人間の作った目のウロコである。錯覚である。幼児らはスプーンや刀の取り合いをして、ひそかに恥じている。大人は領土の取り合いをして、恥じない。それは、国家という「一般」が、りっぱなウロコとなって目と心を覆っているからだ。

いまだに

総じて東京の町はお子様文化で、女性のモットーはいまだに「かわいい」であり、男性のモットーもそれに近づきつつあるかのようだ。

女性はいまだにブランド指向が抜けず、愚ッ痴やら乱蛮やら類布団やら斜寝やらのバッグをかかえこんで恥じない。みな同じ品物を持って。

いまだに、毛皮を着て得々としている女性がいる。このごろのエコロジーブームだからって言うんじゃない。私はむかしから毛皮が嫌いだ。毛皮は暖かいから、と彼女らは言うが、嘘だ。寒いならラクダのももひきをはけばよい。毛皮は、百パーセント女性の虚栄心だ（だって、虚栄心の強い男は毛皮を着ないもの）。そして動物虐殺の動かぬ証拠。私は町で毛皮

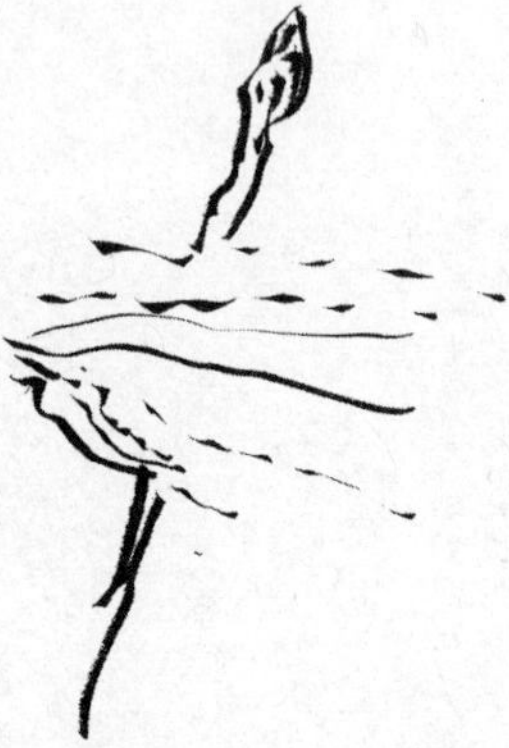

を着た女性を見ると、ほとんど無意識に目をそらしてしまう。だから、女性の友人が毛皮を着ていたりするとこまってしまう。

こういうのを、毛嫌《けぎら》い、と申しますな。

いまだに、新幹線の車両の半分は喫煙席である。あんな狭いところで、火をたいて煙を出すのは野蛮であろう。今度七輪を持ちこんで喫煙車でサンマを焼いてやろう。車掌めは、そりゃ飛んでくるだろう。そしたら言うてやれ。「あたしゃこの煙を吸うんです」

このごろの若いもんは、やたら猫なんぞを飼うのが気に入らない。が、それは、飼う当人が実は猫になりたい、ということなのではないか。あたかも猫のように〝猫可愛がり〟されたい、猫のように楽ちんにしていたい、猫のように自分勝手でいたい、自由でいたい、そのくせエサはほかからちゃんと毎日もらいたい。されど実際には、ああ当人は貧乏大忙しで、ゆっくりふとんにくるまる時間もない。しかたなく類布団持って朝の通勤電車なり。

いまだに、日本人はブドウ酒といえばフランスだ、と信じている。ま、これも一つのブランドである。

他人がどう思おうと知ったことじゃないのだが、ブドウ酒は何といってもスペインである。いや、本当は、各々の土地のブドウ酒をその土地で飲むのが一番である。しかし、もしはる

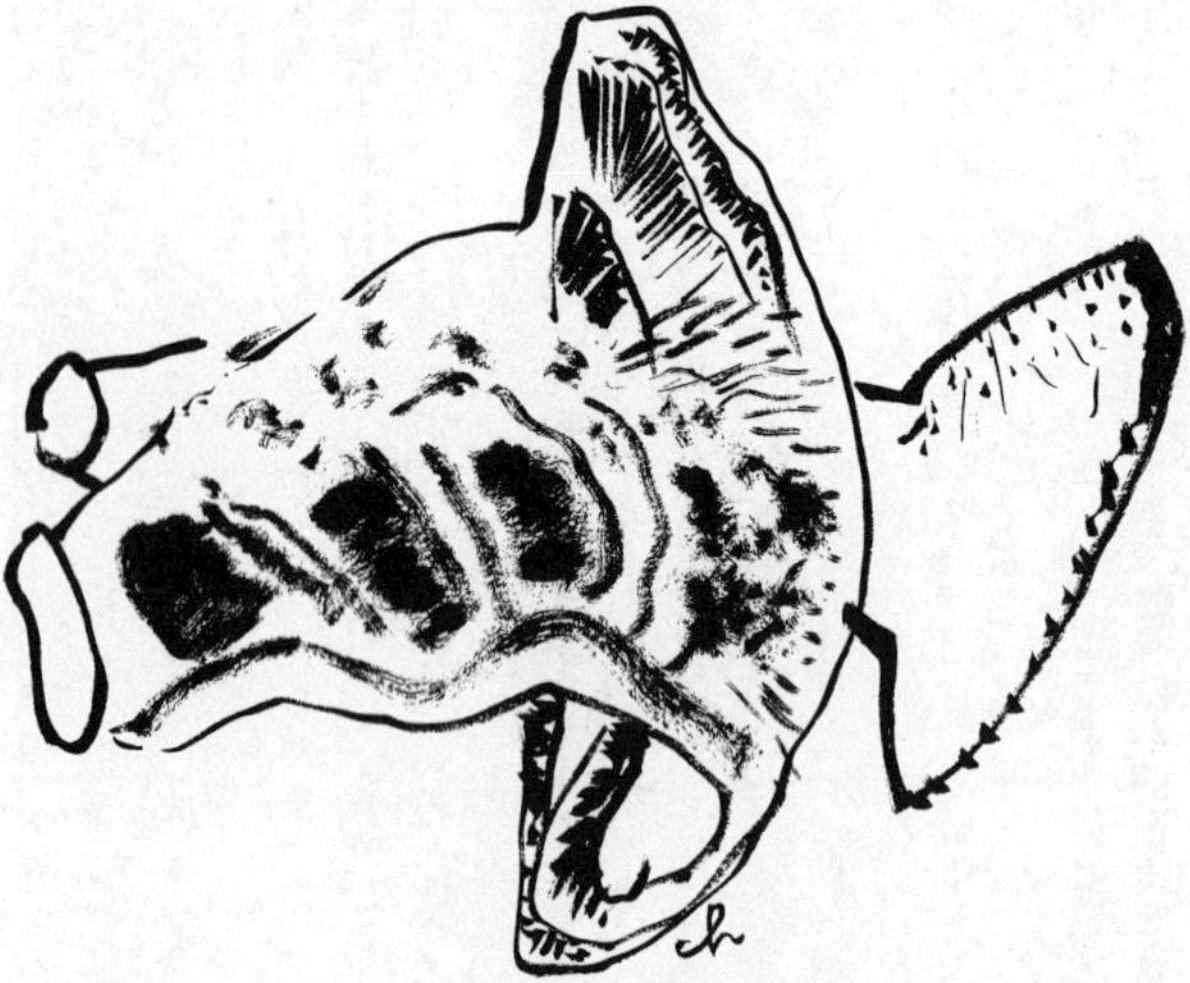

か極東で公平な飲み比べをしたならば、文句なく、スペインのワインがうまい。それに安い。

ホラ、あなたはろくにワインのことなど知らないくせに、そうやって首をかしげている。あなたはブランド名にだまされているのだから、もう一回だまされたと思って、スペインのリオハ産の、またはリベラ・デル・ドゥエロ産の赤ワインをお飲みなさい。お願いだから冷やさずに室温で。栓《せん》を開けてしばらく置いてから。

冗談じゃないよ、まったく。

ヨーロッパじゃ、ワインはスペインと決まってるんだ。第一日照時間が違うんだ。ブドウの甘味《あまみ》が違うんだから、まずい年なんてないんだ。飲み比べりゃ一発でわかるんだ。フランスの蔵元《くらもと》はスペインから大量に樽ごと買ってブレンドして高く売ってるんだ。でも世の中には、大きすぎてブカブカなのにこれはイヴ散漏乱のパンツですからって、喜んで脱がない奴が大勢大勢。

失神

学生のころ、上野の東京文化会館へよく立ち寄った。この建物は、ル・コルビジェだったかその弟子だったかの設計で、ロビーとか食堂とかの空間が気持よくて贔屓《ひいき》にしていたのだ。ロビーの受付などのカウンターに木が大きく使ってあるのが、そのおおらかな曲面とともに思い出される。

ブンカの音がウンコを思わせるからか、そこへ寄ると必ずトイレに入った。たいてい私が行くときは平日の昼で閑散としており、ときどきは上階の音楽資料室へ上がり、バッハを聴いたり、詩人の自作朗読集を聴いたりした。帰りには食堂でチャプスイ二百五十円などを食べ、コーヒーを飲んだりし、それは豊かな自由のひとときだった。

このたび、久しぶりにここへ寄った。平日の昼である。なつかしのトイレへ入った。が、

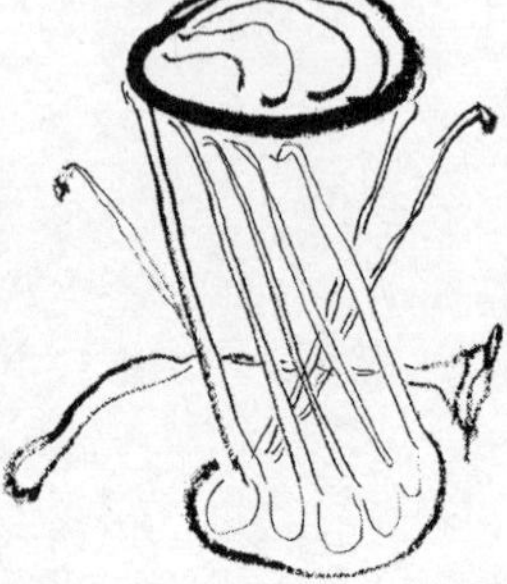

そこには一人の男が順番を待っていた。で、中二階の食堂わきのトイレへ行ってみるとそこにも別の男が待っていた。ウーム、トイレがふさがっているのは不快である。

さて、ここの食堂の空間は良い。上野の杜《もり》の緑がぐるりと見回せて解放感がある。ほどよく外光が入ってくる。高い天井に埋めてあるたくさんの小さなライトが距離感と空間感を出している。

トイレはさし迫っていたわけではないのであと回しにし、そのなつかしの食堂に上がってみた。

すると、あれ？「係員が席へ御案内します」の札がある。前にも書いたが、このごろ流行のこの方式を私は気に入らない。フランスあたりの一流レストランをまねて気取っているのであろうが、ゴムゾーリばきで入るドライブ・インまでそうだから片腹痛い。どこの国のレストランだって、超一流以外こんな管理体制はない。どこでも好きなところへ座ればよいのだ。人間は自由なのだ。

すすす、とボーイが来て、お一人様用の、真ン中のカウンター席に詰め込まれた。こんなものは、むかしはなかった。二呼吸すると腹が立ってきたので立ち上がろうとすると、となりでビーフカレーを食べていた若い女性がちらりとこちらを見た。それが美人だったので私は腰が抜けてついボーイにコーヒー三百五十円を頼んでしまった。ちなみに彼女のビーフカレーは七百五十円である。

見れば、食堂にかつての黒い鉄の大きなテーブルはなく、木の卓がゆとりなくぎっしりと並べられている。硬かった床もカーペット敷きになっていて暑苦しい。カウンターの私の正面では、中年男が皿にかぶりついている。となりの美人はビーフカレーの上にのしかかって食べているので、髪がじゃまでもはや拝顔がかなわぬ。

ああ、かつてここで得たひとときの解放感よ、いずこ。ほんの少しのテーブルの詰め込みや、うるさい管理や、日本の役人好みのカーペットなどによって、つまりはほんの少しの心のせわしさの表現によって、哀れ、小さな自由は、春の雪のように消え失せてしまった!

東京ウンコ会館を出て、私は東京国立博物館に向かった。久々の日本に、先人たちの仕事にあいさつをしようと思ったのだ。

四百円を払って入る。この建物も近代日本の傑作だ。和洋折衷《せっちゅう》という精神が、たしかに存在したことをこの建築は堂々と示している。レンガ造りの東京駅を壊そうなどという馬鹿者が日本に健在である以上、この建物の将来も暗いが、そんな蛮行を許してはならない。

さて、私が入ると博物館の本館は停電であった。実直なる職員諸氏が走り回っているが、展示物は当然見えない。いつ回復するかわからぬ故障につきあう習慣はスペインにも私にもないので、私は帰ろうと思い、入場料払いもどしを求めた。入口の売場で入場券を出すと、中年の職員が正しく次のように言った。「あ、券がこんなにしわしわですと別のお客さんに回せないので、払いもどしはちょっと……」

私は三日間試着したパンツを引き取れと言っているのではない。券という紙切れを買いに来たのでもない。驚きと怒りで私は二秒間失神した。するとこの公務員は「今停電が直った

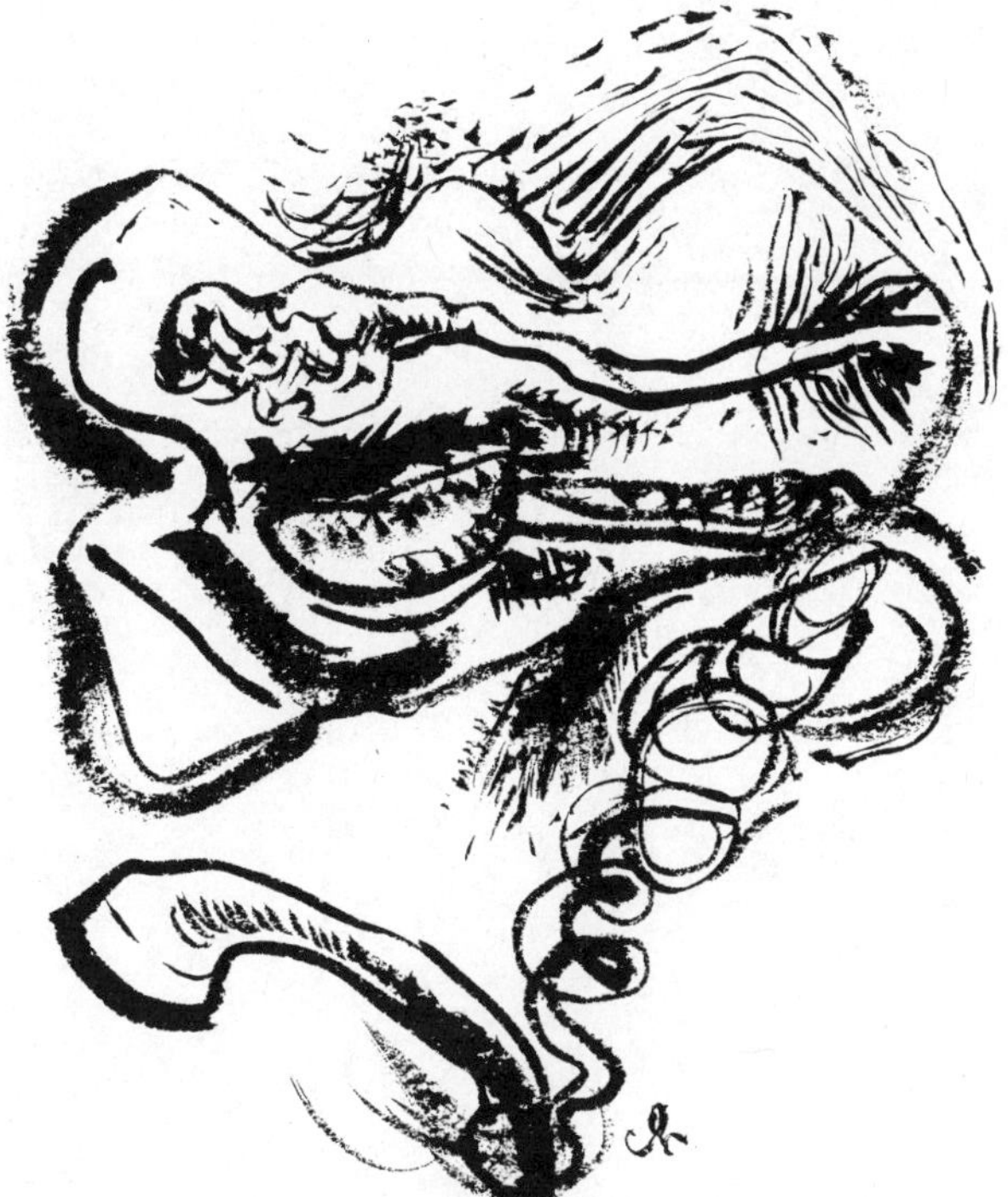

そうですけど」と魚のような無表情で言った。
完璧なる管理社会。私はまた失神した。

野蛮

何も犬が嫌いというんじゃない。が、ひと気のない街で犬の姿を見ると、緊迫感に襲われる。街で犬が人を襲うなんてことはめったにないだろうけど、吠えてうるさいことはよくあるではないか。飼い主はそのとき何をしているのか。

子どものころ、遠くの「四十円床屋」へ行く途中にうるさく吠えるスピッツが塀の中にいて、よく悩まされた。ある日そのスピッツが路上に放たれていて、私の姿を見ると吠え狂ってズボンのすそに噛みついて放さない。私は恐怖ですくんでしまっているのに、ふと見ると見越《みこ》しの松の門のところを、裕福そうに肥えた着物にかっぽう着姿の婦人が竹ぼうきで掃き清めている。

「あらあら、ジョン、だめですよ。まあ大丈夫よ、ジョンは何もしないから」

今思い出してもはらわたが煮えくり返る言葉だ。

犬も憎いが、それよりも飼い主が憎い。郊外の家などを訪ねるとよく犬が庭先で吠える。主人が出てきて、「やあいらっしゃい。ああ犬はお嫌いですか。ハイ押さえてますから大丈夫です、どうぞ通ってください」と吠える犬の首をとらえて客を通す。

失礼な話だ。犬はこちらに向かって敵意を示し、犬語でバカヤロウだの怪しい奴だのとののしっているのである。客を犬にののしらせておいて、ようこそもないもんだ。犬の飼い主というのは、往々にしてこういう歓迎のしかたを平気でする。犬が牙をむいているのに、大丈夫ですだと。よろしい、私も同じことをしてやろう。鋭いナイフをヒモの端にゆわえてぶんぶん振り回す。怖がる犬飼い人間に私は彼らのように笑いながら言う。

「あ、大丈夫です。さわらなければ切れませんから、そのまま脇を通ってください」

これで歓迎されてると思う人は、客に犬を吠えさせるがよい。

ナチスがユダヤ人狩りに使ったというドーベルマンなんかを得意げに飼っている人がいるけれど、そういう人の目の中に、私は鉤《かぎ》十字の光を見てしまう。その飼い犬以上に主人が獣に見えてしまう。

マドリードのあるお屋敷に招ばれたとき、私の肩のところに顔の高さが来るドーベルマンが路上に放たれていた。塀の上で働いていた左官屋のおっさんが、私の訪ねる家はすぐそこで、犬はその家のものだと教えてくれた。呼鈴を押そうとすると犬がその前に顔を入れてきた。犬の顔をどけてベルを押す義務も趣味もないから、私は回れ右をして帰りかけた。する

と犬はウォン！　と一声吠えた。卒倒しそうになったがこらえてメトロの駅までたどり着いた。ピストルがあったら絶対に犬を撃っていただろう。すると犬も必死になるだろうが、私は絶対に負けない。冷静に一発目から急所を狙うのだ。それにしても、二十世紀末の一応は文明国の首都の高級住宅街で、なぜ犬畜生を相手にこんな野蛮《やばん》な殺意と闘争心を起こさねばならないのかしら？

その家の人とはそれっきり会っていない。電話の向こうで先方の言ったセリフ、

「大丈夫ですよォ、何もしませんよォ」

犬が憎いのではない。飼い主が憎いのである。野蛮なのは後者なのだ。

それに準じるのがタバコである。スペインの若い女が流行のカフェやバーや最新の乗り物の座席へ座ると、吸いもしないそれを煙突のように頰の横に立てるのである。室内で火をたく野蛮さと、それを好まぬ人への配慮のなさは、犬の飼い主といい勝負だ。列車の喫煙車内の会話は禁煙車内のそれより常にうるさく、内容も攻撃的だ。

私はビールが好きで、人前でそれを口からゲップの霧にして盛大に吹き散らすのがやめられないのだが、人々は眉をひそめる。それが人前での喫煙とどう違うのか科学的に説明してもらいたい。

多少のずれ

季節はめぐって冬となり、このごろビデオデッキというものがうちへも巡ってきた。オリンピックも万博も終わって、日本企業の多くは当地スペインから引き揚げて行ってしまった。すると、生活用品が知人友人にゆずられたりしてモノが巡る。で、私どものようなところへもいくらか余波が巡ってきた次第である。

山口百恵と三浦友和が独身のころ、テレビロケで当地へ来て、エンバハドーレス街の「東京飯店」のカウンターに並んでラーメンを食べたのは、当地では「ついこないだ」である。ただしその東京飯店はもうないから、「ちょっと前」の話になってしまった。

さて、ビデオデッキの話だが、これはヨーロッパ方式と日本方式両方が見られるという便利なものである。そういうものを持ってるよ、と言っておくと当地の日本人の知人たちからたちまち六時間入りのカセットが二十本以上集まった。それまではテレビだってろくに見ない生活なのに、歩いて三秒のところに〃日本〃が出現したのが運の尽きだ。夜中から夜明けまで、五、六時間見てしまうのである。五日目には見すぎで神経が疲れたせいか歯が痛くなってやめたけれど、あれは見ているというより、しゃぶっているのである。つまらぬ個所を早送りしていると、しまいには全部早送りしてしまうぐらいつまらない番組ばかりなのだが、それにしても日本人民は毎日ああいうものを眺めているわけなのか。

そんな中で面白かったのは『男はつらいよ』だ。初めてわがテレビ画面に寅《とら》さんが現れ、日本の風景が出てきたときには、ホームシックになったことなどないのに、じわッと涙が出てきた。「おまえなんか年中フラフラして寅さんと同じだ！」と母によく言われたのを思い出した（私の妹はさくらではない、小春という）。それでも、一晩に三本も見るのはバカであろう。

私がそれ以上の情熱で見たのは、トレンディ・ドラマという奴だ。その噂は聞いたことがあって、最新流行のきれいな女優がたくさん出てOLを演じる、華やか千万なものらしいとは知っていた。淡い憧れさえ抱いていたのである。

実際に見ると、なるほど華やかで楽しげで、私もぜひ一度ああいう会社のサラリーマンになりたい、とさえ思った。私はああいう若い女性たちとキャピキャピ働いたことがない。目白駅の日通とか東村山の清掃局では働いたことがあるが、あれは男だけのつらいアルバイトであった。都心のオフィスで働いてみたい。そして、昼間は何かにつけ「がんばろう」とか

JEROGLIFICO Núm. 187

Planetas

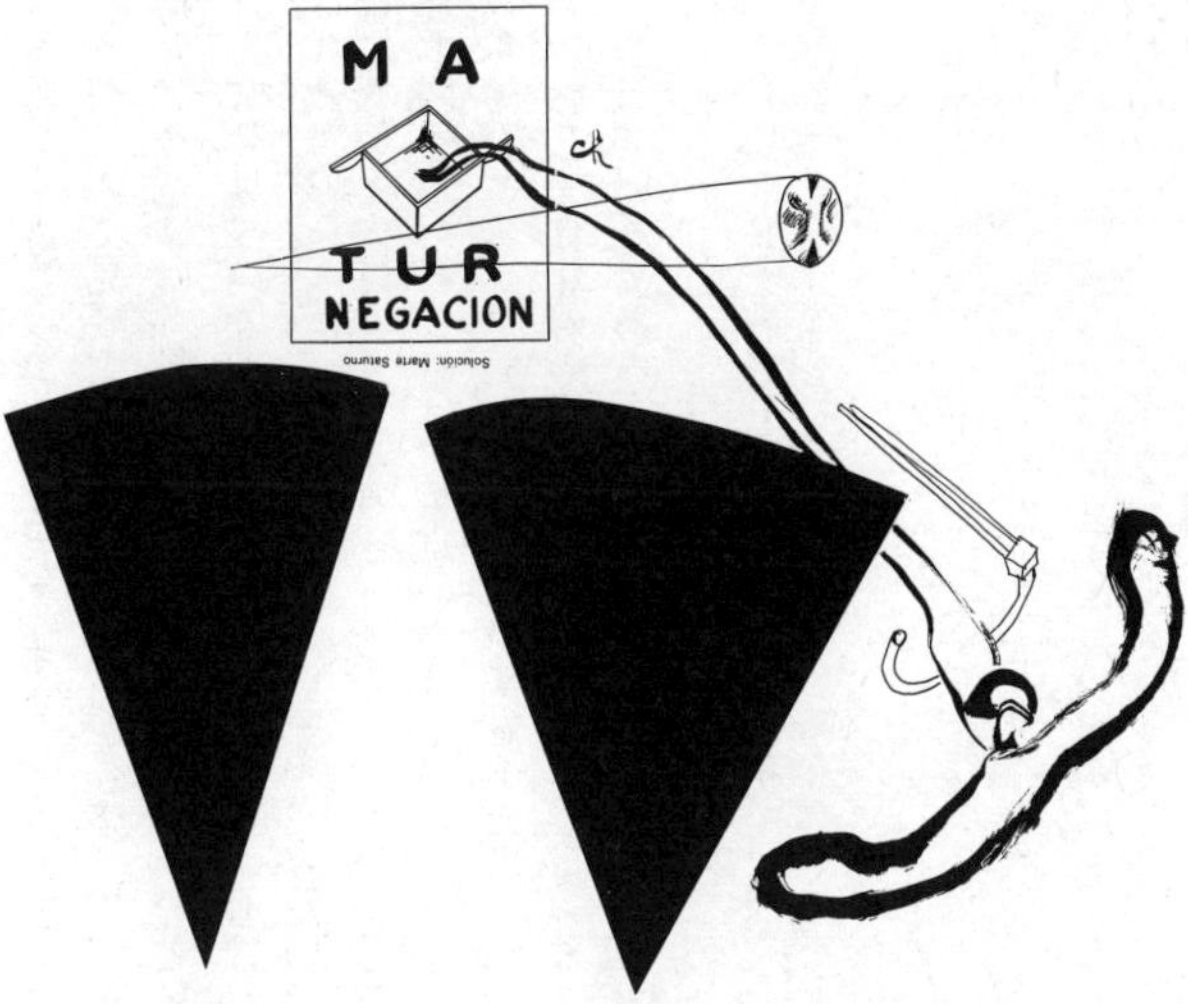

「元気出せよ」とか言い、アフターファイブになると「すまなかった」と言い、「知らずに君の心を傷つけていた」とうつむいて見せ、「これからもいい友達でいてくれないか」と言ってたくさんの女友達を持ち、後輩には「見そこなったぞバカヤロー」といばり、西麻布のマンションに住む「先輩！」にポルシェを借りて田園調布や成城にお住まいのカノジョを乗せてどこへ行くのか知らないが、そういうことを半年ぐらいやってみたい。もちろん、実際にはそんなサラリーマンはいないと人は言うだろうが、そんなことはあるまい、きっといるはずだ。なぜなら、以前日本に帰ったときには、東京のウォーターフロントというところへ連れて行ってもらったが、ちゃんと〝ナウい〟ディスコも実在したし、ちょっと飲んだだけで一万円ぐらい取られたし、おしゃれな若い男女はたくさんいたし、みなあのテレビの中の人物そっくりだった。彼らのしているであろう会話も、私はビデオのドラマを見て学んでいるので、おおよそ見当がついたし。

そういうわけで、今、マドリードで最もトレンディな男は私です。

富士うどん

約一カ月ほど東京にいて、またあわただしくマドリードへもどった。成田でやっと飛行機にまにあって、機内でひと眠りしたら、午後四時のシベリア上空を、死者の魂のように西に向かって飛んでいるところだった。地上を思うと何だか悲しい。

イベリア航空の機内ボーイのスペイン人が年寄りで、何だか横柄で意地悪である。時おりいるタイプだ。

こういう人種差別的なスペイン人には英語を使うのがよい。互いに対等の立場になるからだ。しかし、私はビールをついスペイン語でセルベッサと言ってしまった。それからというもの、彼は実にマメに、ていねいに、こちらを不快にしてくれる。理由なく見下してくるのだ。こういうときのスペイン人の下品さよ。

まずい機内食は、こちらの顔を見ずによこす。頼んだ飲みものはなかなか持ってこない。やがて、「コーヒーはいかがですか?」というスペイン語に目を上げると、その瞬間彼は目をそらす。

私のほうは何の興味もないのに、彼のほうはいかにも念入りに、ささいなことでイライラさせてくれる。まことに仕事熱心である。

かように、ビジネスも外交も、あるいは単に旅行だけでも、日本から一歩外へ出ると、人類はなかなか兄弟ではない。

私のすぐ後ろの席に三人の日本の若者がいる。うごうごとよく動く。ガイドブック「地球の迷い方」を読んでいる。

彼らから通路をへだてた前方の席に、スペイン人の母子がいる。その二歳くらいの女の子がおしゃぶりをくわえたまま振り返って、通路ごしに日本の若者に枕を投げた。若者はそれを拾って子どものほうへ投げ返してやった。すると子どもはよろこんでまたそれを投げ、若者はまたそれを子どもに投げ返してやる。子どもはまた投げてよこす。若者は笑ってまたそれを投げ返してやる。投げているものが枕なのでホコリが立ち、枕の通り道の中ほどにいる私はクシャミが出た。しかし子どもというものはしつこいからなかなか投げるのをやめない。若者はそれにつきあっていつまでも投げ返している。ふと見ると、子どもの母親がほほえみながら、そのキャッチボールを眺めている。なるほど、若者はいったん国際的な〝よいお兄さん〟を演じてしまった手前、どうやってやめたものやらキッカケがつかめず、頬にくたび

corazon que
vuela al este

れた笑いをこびりつかせたまま、いつ果てるとも知れぬ退屈なキャッチボールに耐えているのであった。馬鹿野郎である。まさしく日本の外交だなァと思いながら私はクシャミをしつづけていた。そのうち子どものほうが飽きて、屈辱外交的キャッチボールはやんだ。

それにしても、日本航空の切符を買ったのに、成田で案内されて乗せられたのはイベリア航空機である。ストリップ劇場の入口で切符を買って、中へ入ったら町内の盆踊り大会だったら客は暴れますよ。私は今機内で暴れてないが、これは私の品性の高さ以外に理由がない。ちなみに、こういう飛行機の運行形態を共同運航便というそうだ。共同ウンコ便か。馬鹿野郎である。

機はやがてモスクワに降りて給油する。

あまり速いのも何だか悲しい。空港ロビーはガランとして、外は白樺《しらかば》林が雪と白く混じり合い、それがどこまでも水平に続いている。そっけなくもエキゾチックなこの空港を、私は嫌いでない。

空港にある「和風スナック富士」というものに行ってみた。長い長い廊下の果てにあった。ショーケースにうどんやそばのロウ模型が飾ってある。カウンターにロシア女性が立っている。何とも不思議なめまいのような感覚に負けて「富士うどん」というものを頼んでしまった。思ったより早く五分ほどで出てきたそれはふつうの日本のうどんだった。ただ、肉の薄片が一切れ入っていて、何の肉かわからぬがずいぶん「肉だなァ」という味がした。それは半腐れのせいだったらしく、廊下をもどってくる間に胸やけが始まった。しかし機が再び飛び立つこころはもう治っていたのは、肉があまり薄く小さかったからだろう。ロシアの食糧危機が思われた。「富士うどん」は千四百二十円だった。

せきとめてはいけない

今の日本は、川なんかをやたらダムを作ってせきとめたり、不要な護岸工事をしたり、またどんな山奥に入っていっても真っ白いコンクリートの壁（砂防ダムと称する）に視界をはばまれたりする。このうちの何パーセントが本当に必要なのか知らないが、続々とゼネコン疑惑とやらが噴出したところを見ると、これらもおおかたは不要なのに、政治家や役人や業者がグルになって利権あさりをした証拠の品々なのであろう。

それにしても、新聞によると、悪い知事やら市長やら役人やらは、せいぜい数十万か数百万円の金で動いてくれるらしい。おまけに、その人生までもその金でフィにするのである。何と安いではないか。

されば一つアイデアがある。市民が金を出し合ってそれらの金額を集め、金の欲しい知事

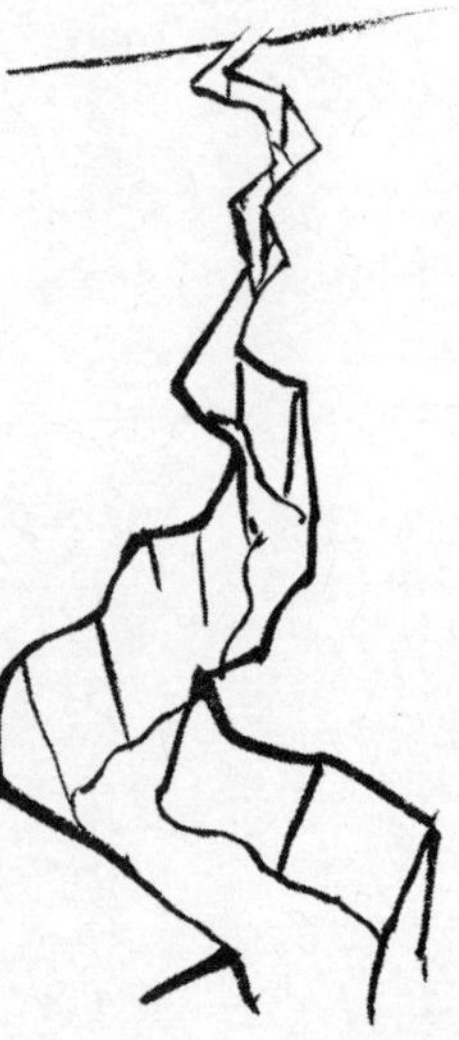

や市長に取り入って、市民や自然にとってよい方向に向けて彼らをひそかに買収するのである。ゼネコンと同じ手を市民が使うのだ。もちろんすべて秘密裏《ひみつり》に行うことも彼らと同じ。如何《いかが》？　つまんないか。

金ならたくさんやる。やるから市長よ、役人よ、どうぞ自然を放っといてくれ。

数十、数百万円で買収されるほどに、知事や市長や役人は安いのだ。私は忘れない。とまれ、川はせきとめれば汚れ、にごる。ドブは流れないから腐るのだ。何だってせきとめてしまってはいけない。人も物も金も。

内田百閒翁《ひやっけんおう》は、ときどきまったくの懐中無一文、家の中でただ座っているほかはない、という状況にあったそうだが、それでもそれは一つの状態であるにすぎず、もっと本当の貧乏人というものは、その日暮らしの小銭は切らさずにちまちまと持っているものだ、というようなことを書いている。私はこれを読んで二十分間笑ったが、まったくその通りで、貯金などするのは人生の誤りである。ポケットに電車賃を持っているのも貯金かと言われるとこまるが。

要《い》りもしないダムを作ることが自然破壊の悪事であるように、もともとありもしない金を貯めようと欲することは、人生破壊の悪事である。見よ、かつて田中角栄は五億円で全人生を売った。金丸信は、いくらだったか忘れたが、やはり金で売った。そして、あの知事、この市長も。……

小人《しょうじん》は小金の前に立ちすくみを覚えるものだ。白状すれば私も、昨年は生まれて初めて

人並み以上の収入を得た。するとたちまち目の前に火花が散って、これが永遠に続くものと錯覚をした（誰が満腹の夏の夕べに、空腹の冬の朝を思い出そうか）。そして、私は免許もないのについに車を、その中に入って雨露がしのげるばかりかガソリンを入れればスペインの大地を走りもする自動車を、買ってしまったのだ。で、妻が時おり乗っては大気を汚染している。痛恨のきわみである。しかし、おかげで、貯金の悪からはのがれ得た。先日、銀行のカードで小金を引き出そうとすると残金四十五万円とあるのに出てこない。カウンターで文句を言うと、数字の頭にマイナスがついているのだった。

立場

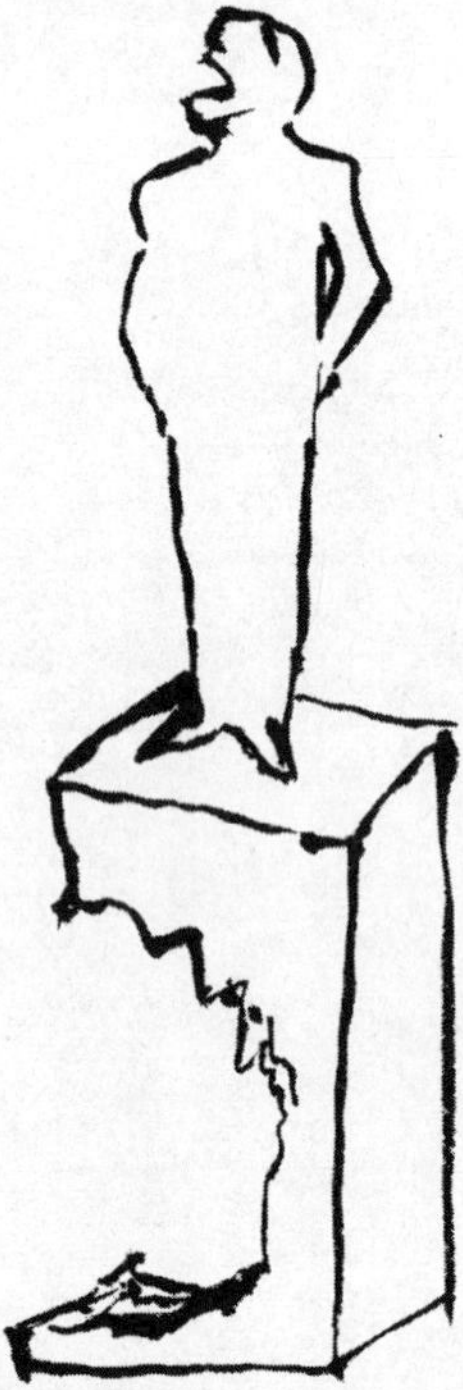

バブルの崩壊、と言うと、崩壊したのはバブルだけで、本質的な部分は大丈夫、という気分が残っている。

スペインでも今、「危機《クリシス》」という言葉で言われている経済崩壊がある。オリンピックと万博を同じ年にやっちゃうんだもの、支出ばっかりだったんでしょうね。政府は黒字だったなんて言ってるけど、きっと嘘だろう。

チェルノブイリ原発事故のときだって、スペインは影響わずかですとスペイン政府は言ってたけど、一雨ごとに新芽が全部枯れ、芝生も全部枯れた。でも農産物輸出への影響や国民のパニックを考えれば政府は嘘をつく立場にある。一九八六年春のあの事故のことを私は忘れないようにしている。だって、平気であの年の秋に仕込んだワインが出回ってるし、日本のワイン評論家があの年のブルゴーニュだったかボルドーだったかを賞賛している記事も見た。もちろん、それ以後は安全、なんてとんでもない話だろうけれど、死の灰が粒々で浮いている奴ぐらいはせめて、やめときたい。それは私の情緒的立場だ。

私はこないだ誕生日を迎え、またひとつ年をとってひねくれたのではないが、まず世間で言われていること、テレビの言うことは、全部嘘、と思うことにしている。

それを思いついたのは、まず日本に帰国していた夏のことだ。テレビのコマーシャルでしつこくやっている商品はつい何となく一度買ってみようと思ってしまう自分に気がついた。何しろ珍しいからテレビは一日四―八時間眺めていた。これは阿片《あへん》である。つまり、マルクス言うところの宗教である。テレビは宗教である。そして私は阿呆だ。

ところがコマーシャルでやっている食品は、全部まずいのである。で、コマーシャルしてないものを買う。すると、これもまずいのである。ところがさて前者と後者を比べると、だいたい前者がよりまずいのである。まずいもの比べ。ぜひ一度お試しください。

スペインでも事態は同じか、もっと悪い。私はスペインではテレビは週に三十分ほどしか見ないが、そのせいか、我々外国人というものはムードに流されにくいものだ。となりで妻が言う。

「こんなの全部嘘だよ。この洗剤は落ちないし、この石ケンは臭いが残るし、このマーガリンは防腐剤臭いし、いつまで置いても腐らない健康と美容のための牛乳だってあるし、わッ、この車に乗ってて、こないだエンリケは死にかかったんじゃないか！　ぺしゃんこになって。

『子どもたちを安全に』だって！　あははは！」

もっとも、テレビのコマーシャルが嘘を言うのは、これも立場上当たり前かもしれない。

結局、ニュースだってそうだけれど、真実、というものはなくて、ある事柄をそのように伝える〝立場〟と〝都合〟とが存在するだけなのだ。

マドリードのラジオで女性アナウンサーがしゃべっていた。

「危機《クリシス》。そう、クリシスです。ひょっとしたら、もう洋服を年に一枚買えるか買えないかということになるかもしれないのです。でも、世界の隅には一日の食事もできない子どもたちがいます。せめて、世界中の政府が、ほんの何千分の一かの予算をさいてこれらの国々を助けたらと、私は思うのです……」

まことにその通りだ。異論の余地なしだ。全人類大賛成の「正しい話」である。

ところで、ものすごく確かなことは、この女性はアナウンサーであり、それは豊かな収入の仕事であり、ということは豊かなスペイン女性の常で、冬には必ず毛皮かカシミヤのコートを着、年に三十着は服を買い、週末は子羊の丸焼きかバスク料理を食べに出かけ、町を小型車で動き回っては渋滞にイライラし、バカンスはパリとマジョルカに二週間ずつ……。彼女はそれを誰にもわたしたくないがゆえに、常によりよく正しい意見を考えねばならぬ、という〝立場〟におり、一方、朝から保険金をもらいに銀行前に百メートルも並ぶ失業者の〝立場〟というのもまたあるのだが、これがまた、たまたまラジオで彼女の意見を聞いて感動したりしている。

白い壁

小・中学校のころ、優等生の私は、しかし算数も数学もほぼ〇点であった。天文学者を夢見て目指そうと思った東大も、これでは入れない。だが、実は中学三年のとき、東大はバカが行くところだ、という自分なりの結論を私はすでに得ていたのである。

中野七中の天文クラブの川崎君と河上君と私は、ある春の日曜日、三鷹の東京天文台見学会というものに参加した。ほとんどが天文マニアの大人ばかりであった。あれこれの望遠鏡を見学させてもらって、みな大満足だった。最後に子午線望遠鏡という、常に天頂《てんちょう》を観測するための固定望遠鏡を見学したとき、その担当者（天文学者である）が、「これは地震などでゆれて狂わぬよう、地中深く固定されてあります」と説明した。

しかし、地震というものは地面がまるごとゆれるのではないか。地中へ杭を打ったぐらいでは狂いを止められないのではないか。そう思った私は、賢くも、「どうして地震が来ても狂わないのですか？」と質問をした。するとこの白衣を着た東大の研究者は、
「それは、狂わないようにできているのです」
と、苦笑しながら答え、他の大人の参会者たちもそれに追従して力なく笑った。そのとき私は悟《さと》った。何だ、東大でやってる学問とは、この程度のものか。諸氏はそうやって「そうできている」ものの上で白衣を着て座っているだけではないか。

この研究者は、まあ中学生なんぞに望遠鏡の狂わぬわけを説明しても始まらないし、そんな時間もない、と考えたんでしょうね。しかし、中学生にもよくわかるように嚙みくだいて手短に自分の仕事の一部を説明できないような学者が、本当に自分の仕事を把握していると、どうして言えよう？　また、中学生の初歩的な問いを、バカげたものとして軽く取り扱うような学者が、どうして真に新しい発想を持ち得ようか。

こういうようなことを、中学生の私は一瞬にして悟ってしまって、一挙に白けてしまった。かくて日本の天文学は優秀な研究者を一人失ったのである。そのときを境に、私は数学が嫌いになっていったのだった。というのは嘘だけど。

京大にはノーベル賞受賞者が複数いるが、東大にはいない。バカの証拠の一つである（まちがったらごめんね。むかしはそうだったんだから……）。むかし、国文学の大家である京大のY教授が「東京に学者がいるかね」と言ったそうだが、これもその証拠である。逆のことを東大の先生が言ったという話は聞かない。

何で、東大がバカだなんぞという退屈な話を始めたのかというと、今ふと、この東京天文台のバカで白衣の研究者のことを思い出したからだ。思い出し怒り、てえやつですな。

私が数学がダメなのは、あまりに根源的に考えすぎるのである。たとえば、一個五十円のリンゴを十二個買いたいと思います。千円でいくらお釣りが来るでしょう。

今でこそ答は、えーと四百円、と比較的迅速に出せるけれど、小学校のころ、自宅の都営アパートの出窓のところでノートを広げて、窓の外を楽しそうに走り回る友だちを眺めながら、横で教育ママ志願の母にどなられながら、私はどうしても、一個五十円の「一」が気になってしようがなかった。「一はどこへ行っちゃったんだよお」と母に問うて、母を絶望させたのを覚えている。母の悲嘆を見て、私自身も絶望するのであった。つまり、私にとって、算数イコール絶望なのだ。

今でも、その思い出は抜けず、数の計算となると、脳が一種のインポテンツ状態となり、目の奥に白い壁のようなものが見える。それをにらんでいるうちに、どんどん時間が過ぎていき、耳の遠くで「バカ」とか「できない」とか「遊べない」とか「もらえない」とかという言葉が聞こえてくる。するとますます、白い壁の前でたたずむ自分ばかりが意識されてきて、あ、座っている座っている、ということしかわからなくなる。

その白い壁とは何か、とよく考えると、それはどうやら、出窓にかかっていた白いレースのカーテンのようである。その向こうを、友だちが走り回って遊んでいるのである。

TU CASA

屋上にて

久々に、郊外の実家の屋根によじ登ると気持がいい。あちこちに森のかげが見える。西日の落ちるほうを見ると、遊園地の大きな観覧車が立っている。遠くの森のはるかかなたに、いつの間にか高い塔だか煙突だかができて、その先端がストロボのようにピカッピカッと光っている。小さな光なのだが、鋭くて、ぼんやりと風景を楽しむ目にはイラだたしい。同じような閃光《せんこう》が、はるか新宿方面の塔にもついている。四六時中イラだたしく光っているのだ。

むかしのように、夜間のみの赤い光ではいけないのだろうか？　あるいは、霧や雲が濃いときだけの閃光ではいけないのかしら？　それとも、大金をかけて高い塔を作った人間の〝我《が》〟が、そんなものを光らせてみたいのではないかしら？　とんだ迷惑だ。

迷惑といえば、以前にも書いたが、公共の閉所における喫煙である。新幹線などに乗ると、

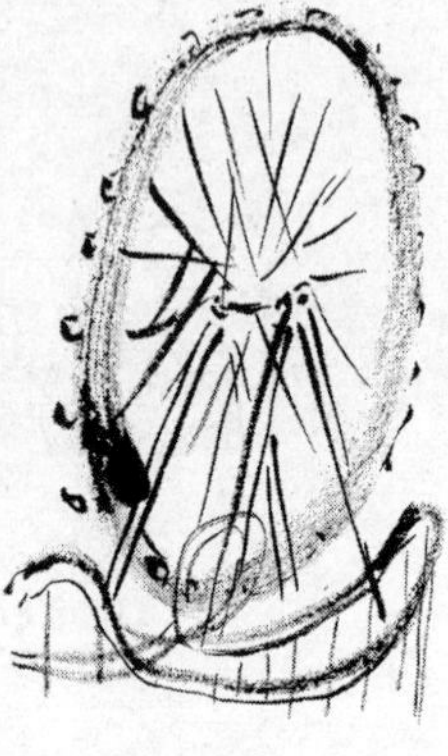

まずタバコのヤニの臭いでいっぺんに不快になる。タバコを喫う人も、他人の煙は吸いたくないらしいから、これはおそらく万人に不快な臭いであろう。煙を嫌う人はこのごろ多いから、禁煙車はいつも混んでいる。特に夏休み中などは子どもや老人も多いから、いきおい禁煙車は混む。

一方、喫煙車のほうを見ると、常に全員が喫っているというわけではない。せいぜい四、五人が煙を立てているばかりだ。それも、よく見ていると、火のついたタバコをしょっちゅう口へ運んでいるわけではない。ただ煙突のように指の間にはさんで、煙が出るにまかせて、雑誌を読みふけったり、おしゃべりをしたりしているにすぎないのである。一本のタバコが消えるまでに数回の吸い込みをしているにすぎぬ人がほとんどである。こんな散漫な、喫煙という世にも珍妙な（棒の先に火をつけてどこへでも持参する！）風習のために、清らかな空気を吸いたい善良な市民が犠牲《ぎせい》にならねばならぬのは、いったいなぜなのか？　たった一握りの世の迷惑をかえりみぬ鈍感なヤニまみれの連中の、三分間にせいぜい数回のささやかな快楽のために、なぜ清らかな肺と心を持つたくさんの人間が、セキ込んだり不快をがまんしたりせねばならぬのか？

「差別」というものにこれは似ている。差別する側は、自分の優越やわがままを通すのにほとんど無意識なのであるが、差別される側は、そのことで大きく傷ついている。

何気なくタバコに火をつけることが、どれだけ周囲に迷惑なのか、火をつける人はおおかたわかっていない。だから、このごろ減ったりとはいえ、公の場所でタバコを喫う人を見ると、私はどうしても、その人が他人の痛みに鈍感な地上げ屋の子分のように見えてしまうのだ。

私はウンコをするのがわりと好きだが、公の場ではしない。ちゃんと便所へ行ってする。いくら冷汗が出るほどにしたくても、便所へ着くまではがまんする。それが文明というものではないか。タバコを喫うのが好きな人は、なぜそれができないのであろう？

新幹線に喫煙車両は一両でよいだろう。どうしても喫いたい人はそこへ行くがいい。もしそれができないと言うなら、新幹線の座席を全部便器にしてもらいたい。タバコを喫う人は、いつでも好きなときに喫える。私も、いつでも好きなときにウンコをする権利があるだろう。それに、タバコを喫うことよりも排泄のほうがはるかに生理的に重要なことだし、万人に普遍的である。人前ではばかりなくやればお互いに迷惑なことは、喫煙も排泄も同じである。

そもそも私がこの喫煙という珍妙な風習に染まらなかったのは、恥のせいである。中学や高校のころ、悪友たちの喫煙の姿を見て、私だけはこんな恥ずかしい行為はすまい！　と誓《ちか》った。だって、こそこそと人に隠れて、しみったれた小さな紙の棒の先に家庭的ないじましい火をつけて、出てくる煙をおっぱいのようにちゅうちゅう吸うなんて！

他人のものさし

私のジャンパーのポケットが浅くて、そこに入れておいてはときどきメトロの中などで読んでいた文庫本を落としてしまった。それは故開高健の著書で、なくなってしまってからタイトルを思い出そうとするのだが、すでに（おとといのことなのに）おぼろである。

その本に、開高氏が洋酒会社のコピーライターとして貧しい給料取りをしていたころ、まさに自分ほどの働きをする者が、アメリカならば、ニューヨークのペントハウスに住んでフロリダあたりに別荘を持っているはずだがなァ、どうしてもそれ以下ではないはずだ、などと計算したことがある、という話が書いてあった。

むろん、それは開高氏が若いころの話なのだが、その話はほほえましくない。なぜって、そんなことを考えるのは馬鹿野郎である。

自分のこの働きは、豊かな隣国ならばこれこれの値打ちがあるはずだ、などと考えるのは、自分の労働収入を安定したものとして考えることから来た錯覚で、つまり自己を一個の労働量として無意識裏に規定しているので、今日それを冷静に名づけるなら、〝サラリーマン根性〟つまり〝奴隷根性〟と呼ぶほかはあるまい。ま、サラリーマンだった頃の話だから仕方ないか。

彼の小説にせよエッセイにせよ、すべての底を流れるのは、創作への苦悩、苦痛、苦心、である。人生の痛みや味わいも、ただ体内を通過させるのではなく、それをいかに表現するかという闘いを、つねに闘っている。まさしく、芸術家なのである。

きのう食べた料理がうまいだの、このごろジャイアンツが弱くて嘆かわしいだの、小説が書けないから鼻毛を抜いていますだのというエッセイばかり並べている小説家連中の中で、何と彼はすがすがしい、ひそかな私のポケットのアミーゴ（友）であったことか！

しかし、そのアミーゴにしてさえが、時として、覚えずその堅固な饒舌《じょうぜつ》の間に、ポロリとその奴隷根性を露呈してしまうとは。

しかし待てよ。芸術家は自由だ、などとはいったいいつから始まった妄想であろう。

実は芸術家こそは、つねに時の権力や世の流行の奴隷だった。今日印象派風の絵を描いても誰もよろこばない。「最先端」と言われたいがために、あるいは「時代遅れ」と言われたくないがために、今日の「現代アート」の九割は存在している。時の権力が芸術を擁護するか、時流が擁護するかしかないのだ。さもなくば芸術家はどうやって食える？　芸術は不滅

DE
casa
VIN

だ、なんていう美辞は、古風な石造りの美術館を散策した上での感傷だ。作品はすでに権力と時流によって選ばれている。あなたが選んだわけじゃない。

　時代を超越して歴史に残る作品が存在する、というのも錯覚である。よい作品が残るのではない。これはよい作品だ、と言われた作品が残るのである。

　二秒考えてみればわかるでしょう。あなたは、なぜピカソの作品がよいのかわかりますか？　世界中でピカソピカソと言われているから、それがよい、と思うのでしょう？　美術史の教科書にセザンヌが近代絵画の父と書かれているから、ああセザンヌね、と思うのでしょう？　正直に答えてください。セザンヌの絵に、あなた心の底から感動しましたか？（それよりも東山魁夷《かいい》のほうがわかりやすくて叙情的でムードがあってよいのではありませんか？　墓石みたいに端正でぴかぴかで。）ちなみに私はセザンヌに感動します。

　人はみな、好んで奴隷になっているのだ。他人の力や富や正しそうな意見の言うなりになって、そのもとで初めてものが見えるのだ。すべては他人のものさしで見ているのだ。そして、他人が並べたものの中でのほんのささやかな選択の自由を、「自由」と錯覚している。

　自分の労働量は、アメリカならばペントハウスとフロリダの別荘だ、というのも他人のものさしでしょう。「自由」なんて、実は誰も望んでいないのかもしれませんね。アハハハハ。

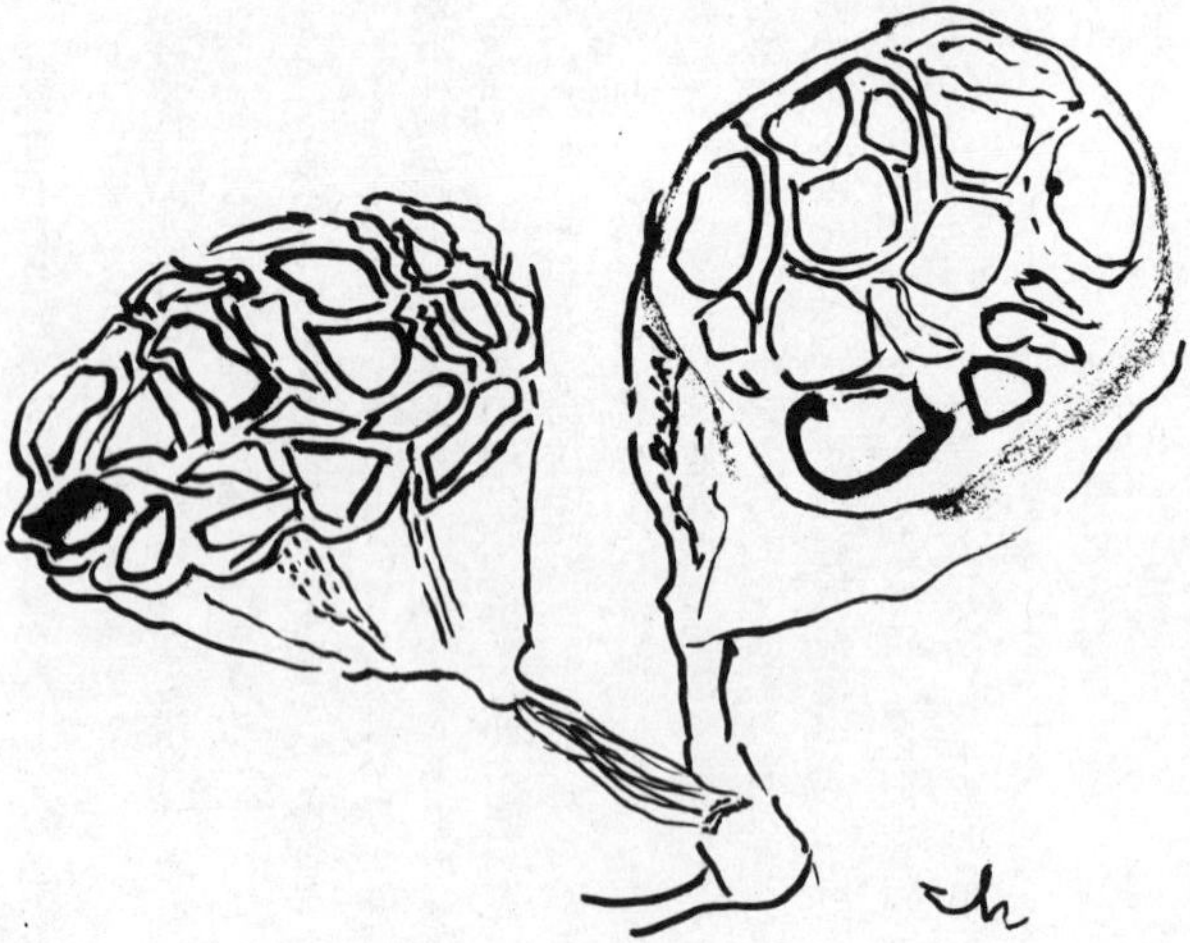

あとがき

七千夜とは、およそ二十年の月日である。算数の苦手な私が、こんな計算をしてしまった。思えば茫然とするほかはない夜と昼の数ではないか。それを日本のタタミの上ですごしたのではなく、スペインの固い石の床の上ですごした、そのほんの一部分の月日の、感想がこの本である。

そもそも、ひとは計算をしたり、勘定をしたりするのが不幸のもとである。七千夜だろうが初七日だろうが、勘定などしなければよいのだ。財布の中味や貯金の額や、年齢や成績や給料や、離婚の回数やお見合いの回数やらを、勘定さえしなければ、ひとは常に平然たるものではないか。

私はこれを実行している。私はこれをひろく読者各位におすすめしたい。私はこれにより、なかなかどうして貧乏であるが、常に笑っている。毎日あぶく銭の入ってくる人は、笑いが止まらないそうだが、私も右の理由で、神々がよろこぶそのままに、笑いが止まらないのである。

神々のうしろだてで笑っているのと、あぶく銭をかかえて笑っているのと、どちらが幸せかといえば、当然あぶく銭のほうである。しかし、貧乏にもかかわらず笑っている、というところにこそ、神々との共振が生まれるのである。この、大地に密着した、生きている実感! ぜひ、おすすめしたい。

一九九九年五月　マドリードにて

堀越千秋

文庫版あとがき

この本は、まず、一九九〇年から九五年に雑誌「母の友」（福音館書店）に連載されたものをまとめて、九九年に同社から出版された。それをこの度、集英社文庫に収録して頂いたものである。だから、文中にいる「私」は、すでに数年前の私であって、日進月歩のこの私からみると、あちこちが未熟である。が、そんなことを言っていたら、全ての作品は成立しなくなってしまうので、御寛恕を乞いつつ、ここに再び世に出すことにする。どうぞよろしく。

たった一度私のカンテを聴いただけで、解説をご快諾いただいた中沢新一さん、また改めて、福音館書店の引地章さん、松本徹さん、集英社文庫の瀧川修さん、デザインの藤井康生さんに、深く感謝致します。

二〇〇五年七月　埼玉県神泉村の山中の仮寓にて

堀越千秋

解説

中沢新一

さっきまでヘラヘラ、ゲタゲタと、他愛のない冗談をいっしょに言い合って、笑ってばかりいた堀越さんが、「チアキさんのカンテが聞きたいわ」という美人の誘いにのって歌いだすと、急にあたりの空気までがパセティックな緊張に張りつめたように感じられるのが不思議だった。ここは丸の内ビルの地下にある小さなバル。堀越さんは、さっきまでの笑う肉体から歌う肉体に一瞬のうちに変貌をとげて、テーブルを激しく叩きながら歌いはじめるのだった。

体内にため込んだ息を、横隔膜の圧力でいきおいよく送り出すと、空気の流体は狭い声門を通り抜けながら、のどの肉をふるわせて、甲高い、かすれたような、力強い声となって、彼の肉体からほとばしりでてくる。そのほとばしりでてくるものは、ぼくらの耳に注がれて、深い哀しみとつきあげるような歓喜のいりまじった激しい感情で、ぼくらの心を揺さぶりたててくる。ほんものがいた。この日本人の肉体からほとばしりでてくる歌は、まぎれもなくほんものの「太古の歌」の響きだった。ぼくはチアキさんのカンテに聞き惚れながら、日本人の肉体というものをおおいに見直した。

堀越さんは絵の勉強に留学したスペインで、はじめてヒターノたちの歌うカンテを耳にして、魂を揺さぶりあげられるような感動を覚えたのだった。そのとき驚きつつ考えたことを、つぎのように書いている。「あるときは叫ぶように歌うカンテを聞いていると、その歌い手の持つ人間的、動物的エネルギーが伝わってくる……そんなとき私は、歴史つまり文字が伝えてきた二千年よりもはるかに以前の、人間のエネルギー、呪力、霊性といったものを直接この目、この耳に得た思いがするのだ。ものすごく尊いものを、直接、同じ空気の中で共有しえた思いがするのだ」(本書二六、二七頁)。

つまり堀越さんは、ヒターノの歌うほんもののカンテの中に、文字以前、ということは国家というものがまだ生まれる前、数万年にわたって地球上に生命を刻んできた「人類」という知的生物の、感覚や思考や表現のあり方、一言で言って飼い慣らされることのない「野生」の状態を生きていたときの心の動きが、ほとんど手つかずの状態で生きているさまをみいだし、驚嘆し、驚喜したのである。いまから数万年前の旧石器時代から新石器革命をへて、文字と国家が出現するまでの気の遠くなるほどの長い間、地球上いたるところには、文字に飼い慣らされてしまうことのない、「野生」の文化が生き続けてきた。その生き残りの中でももっともたくましい連中に、堀越さんは偶然にも出会うことができ、彼らの仲間となって、「野生」の文化の秘密を内蔵したカンテの伝承を受けることができるという、幸運に恵まれたのである。

ヒターノの先祖は古代のインド人だと言われる。もともと狩猟民や職人であった彼らは、放浪を続けていきながら、どの国家にも属そうとしなかったし、定住して大地を耕したりもしなかった。落ち着いた先の文化にたいしては、カメレオンやタコのような柔軟な態度で向かい合い、ホスト先の文化をたくみに模倣して、ヒターノ風な濃厚な味付けをほどこした、歌や踊りを残していった。とりわけアルタミラ洞窟に壁画を残した人類の遠い子孫であり、アラブ人の長きにわたる支配の時代には東方の風を全身に浴びたすえに、近代ヨーロッパに遅ればせながらの参入を果たしたスペインでは、そのヒターノたちがとりわけパセティックで、とりわけ深遠な、彼らに独特の肉体的文化をつくりだしておいてくれたのだった。

そのヒターノたちの伝えるカンテを学ぶことによって、堀越さんは文字以前、国家以前の「野生」の文化の心髄にふれることができた。あのカンテにはおそらく洞窟の奥に驚嘆すべき壁画を残した、旧石器時代の人類の感情や思考までもが、密かに記憶されているのである。こうして堀越さんは、「絵画のはじまり」のときに宇宙にほとばしった芸術の秘密というもののの、ごくごく間近に立つことができた。

チアキさんはよきカルマに恵まれた人なのである。

この作品は一九九九年七月、福音館書店より刊行されました。

集英社文庫　目録（日本文学）

細谷正充　宮本武蔵の『五輪書』が面白いほどわかる本
堀田善衞　若き日の詩人たちの肖像（上・下）
堀田善衞　バルセローナにて
堀田善衞　キューバ紀行
堀田善衞　スペイン断章(上)(下)
堀田善衞　橋上幻像
堀田善衞　広場の孤独　漢奸
堀田善衞　めぐりあいし人びと
堀田善衞　ミシェル城館の人　第一部　争乱の時代
堀田善衞　ミシェル城館の人　第二部　自然 理性 運命
堀田善衞　ミシェル城館の人　第三部　精神の祝祭
堀辰雄　風立ちぬ
堀越千秋　アンダルシアは眠らない　フラメンコ狂日記
堀越千秋　スペインうやむや日記
堀越千秋　スペイン七千夜一夜
本多勝一　北海道探検記

本多孝好　MOMENT
本間洋平　家族ゲーム
牧野修　忌まわしい匣《はこ》
槇村さとる　イマジン・ノート
槇村さとる　キム・ミョンガン　あなた、今、幸せ？
松井今朝子　非道、行ずべからず
フレディ松川　少しだけ長生きをしたい人のために
フレディ松川　死に方の上手な人 下手な人
フレディ松川　老後の大盲点
フレディ松川　ここまでわかった ボケる人ボケない人
フレディ松川　好きなものを食べて長生きできる 長寿の新栄養学
フレディ松川　60歳でボケる人 80歳でボケない人
松樹剛史　ジョッキー
松原英多　ガンの噂 ウソ・ホント
松本侑子　巨食症の明けない夜明け
松本侑子　植物性恋愛

松本侑子　偽りのマリリン・モンロー
松本侑子　美しい雲の国
松本侑子　花の寝床
モンゴメリ　松本侑子・訳　赤毛のアン
モンゴメリ　松本侑子・訳　アンの青春
三浦綾子　裁きの家
三浦綾子　残像
三浦綾子　果て遠き丘
三浦綾子　石の森
三浦綾子　天の梯子
三浦綾子　ちいろば先生物語(上)(下)
三浦綾子　明日のあなたへ
みうらじゅん　とんまつりJAPAN　日本全国とんまな祭りガイド
見川鯛山　田舎医者
見川鯛山　本日も休診
見川鯛山　山医者のうた

集英社文庫　目録（日本文学）

三木卓　砲撃のあとで
三木卓　はるかな町
三木卓　馭者の秋
三木卓　野鹿のわたる吊橋
三木卓　裸足と貝殻
水上勉　白《はく》蛇《じゃ》抄《しょう》
水上勉　良寛を歩く
水上勉　一休を歩く
水上勉　山の暮れに
水上勉　失われゆくものの記
水上勉　負《おい》籠《ご》の細道
水上勉　骨壺の話
水上勉　故郷
水口義朗　解体珍書
美空ひばり　川の流れのように
三田誠広　いちご同盟

三田誠広　春のソナタ
三田誠広　父親学入門
三田誠広　ワセダ大学小説教室 天気の好い日は小説を書こう
三田誠広　ワセダ大学小説教室 深くておいしい小説の書き方
三田誠広　ワセダ大学小説教室 書く前に読もう超明解文学史
光野桃　妹たちへの贈り物
光野桃　ソウルコレクション
皆川博子　薔薇忌
皆川博子　骨笛
皆川博子　ゆめこ縮緬
皆川博子　花闇
峰隆一郎　人斬り弥介
峰隆一郎　平三郎の首 人斬り弥介その二
峰隆一郎　暗鬼の剣 人斬り弥介その三
峰隆一郎　修羅が疾《はし》る 人斬り弥介その四
峰隆一郎　斬《ざん》刃《じん》 人斬り弥介その五

峰隆一郎　非情の牙 人斬り弥介その六
峰隆一郎　埋蔵金の罠 人斬り弥介その七
峰隆一郎　殺《さつ》刃《じん》 人斬り弥介その八
峰隆一郎　密書 新・人斬り弥介
峰隆一郎　凶賊 新・人斬り弥介
峰隆一郎　狼たち 新・人斬り弥介
峰隆一郎　白蛇 新・人斬り弥介
峰隆一郎　暗殺 新・人斬り弥介
峰隆一郎　牙と芽 新・人斬り弥介
峰隆一郎　翁《おきな》党《とう》 新・人斬り弥介
峰隆一郎　化粧鬼 新・人斬り弥介
峰隆一郎・宮里洸　甲州金 新・人斬り弥介
峰隆一郎　金沢発寝台特急「北陸」13分の殺意
峰隆一郎　別府発寝台特急「富士」45分の殺意
峰隆一郎　「出雲2号」13分の空白
峰隆一郎　新撰組局長首座 芹沢鴨

集英社文庫　目録（日本文学）

集英社文庫　目録（日本文学）

集英社文庫

スペイン七千夜一夜《ななせんやいちや》

2005年9月25日　第1刷

定価はカバーに表示してあります。

著者　堀《ほり》越《こし》千《ち》秋《あき》

発行者　谷山尚義

発行所　株式会社　集英社

東京都千代田区一ツ橋2—5—10
〒101-8050
　　　　(3230) 6095（編集）
電話　03 (3230) 6393（販売）
　　　　(3230) 6080（制作）

印刷　株式会社 廣済堂

製本　株式会社 廣済堂

ISBN4-08-747861-0 C0195